京津冀数字化转型与产业联动升级问题研究

常金平 ○ 著

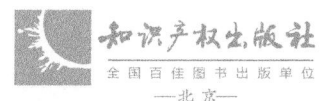

图书在版编目（CIP）数据

京津冀数字化转型与产业联动升级问题研究 / 常金平著. -- 北京：知识产权出版社, 2025. 7. -- ISBN 978-7-5245-0030-8

Ⅰ．F127.2

中国国家版本馆 CIP 数据核字第 2025A8G276 号

责任编辑：高　超　　　　　责任校对：谷　洋
封面设计：商　宓　　　　　责任印制：孙婷婷

京津冀数字化转型与产业联动升级问题研究
常金平　著

出版发行：知识产权出版社有限责任公司	网　　址：http://www.ipph.cn
社　　址：北京市海淀区气象路 50 号院	邮　　编：100081
责编电话：010-82000860 转 8383	责编邮箱：morninghere@126.com
发行电话：010-82000860 转 8101/8102	发行传真：010-82000893/82005070/82000270
印　　刷：北京中献拓方科技发展有限公司	经　　销：新华书店、各大网上书店及相关专业书店
开　　本：720mm×1000mm　1/16	印　　张：11.75
版　　次：2025 年 7 月第 1 版	印　　次：2025 年 7 月第 1 次印刷
字　　数：164 千字	定　　价：79.00 元
ISBN 978-7-5245-0030-8	

出版权专有　侵权必究

如有印装质量问题，本社负责调换。

前　言

当前，全球正经历一场以数字技术为核心的第四次工业革命。云计算、人工智能、区块链等技术的突破性发展，正在重构传统产业的价值链、供应链和创新链。作为世界第二大经济体，中国明确提出"数字中国"战略，推动数字经济与实体经济深度融合。在此背景下，京津冀协同发展作为国家重大战略，承载着探索区域协同创新路径、打造世界级城市群的历史使命。

京津冀地区具有显著的区位优势：北京汇聚全国顶尖的科技创新资源，天津拥有高端制造业和港口经济基础，河北则在传统产业升级与绿色转型中寻求突破。然而，三地间长期存在的产业结构断层、要素流动壁垒和数据孤岛问题，制约了区域协同效应的释放。数字化转型为打破行政边界、重构产业分工格局创造了新契机。通过数字技术的全域渗透，京津冀有望构建"研发—转化—制造"一体化生态，实现从"物理空间协同"到"数字空间协同"的跃迁。聚焦数字化转型与产业联动的耦合机制，旨在回答三个核心问题：一是如何通过数字技术弥合京津冀产业链的"断点"。二是如何构建跨区域的数字治理体系以优化资源配置。三是如何以数字化转型驱动区域经济高质量发展。其成果可为政策制定者提供理论参考，为产业实践者提供路径指南，为区域协同发展研究开辟新的学术视角。

本研究以京津冀区域数字化转型与产业联动升级为研究对象，深入分析和研究京津冀区域数字化转型与产业联动升级的协同推进机制和路径，旨在促进区域数字化转型，加快区域产业联动升级，实现数字化产业与传统产业协同发展。首先基于相关文献的梳理和研究，剖析了京津冀区域数字化转型和京津冀产业联动升级的特性。其次分析了京津冀区域数字化转型的影响因素，构建了区域数字化转型的指标体系，并利用京津冀地区的历史面板数据进行测度分析，同时从微观层面上研究和探讨企业数字化转型的困境和突破路径。再次基于京津冀各地区资源禀赋、社会经济发展及产业动力等层面的差异性，从内部要求、外在约束和数字驱动三个层面，深入探讨影响京津冀区域产业联动升级的作用机制及空间溢出效应，多视角剖析京津冀区域产业联动转型升级的影响因素。最后探讨了京津冀区域数字化转型与产业联动升级的实现机制和实施路径。通过对京津冀区域数字化转型与产业联动升级的系统研究，得出了有针对性和现实意义的研究结论。

（一）主要研究结论

1. 京津冀区域数字化转型程度及其影响因素

京津冀区域数字化转型在2014—2022年基本呈逐年上升状态，发展势头较为良好，但区域内各省市发展水平存在较大差异。北京数字化转型的程度处于绝对领先水平，天津和河北地区相对较弱，但发展势头强劲。京津冀区域数字化转型能力主要受到基础转型能力、产业发展能力、金融普惠能力和政务服务能力四个方面的影响。通过对数字化转型的四个维度进行分析得知，基础转型能力和产业发展能力存在明显的分层现象，区域的空间差异性较大；而金融普惠能力和政务服务能力由于其计算起始年份与研究年份较为接近，其提升速度较快，但也在后期逐渐显现出区域之间的差别。根据各省市不同的发展状况，对数字化转型程度四个维度的侧重方向进行调整，是进行有针对性提升数字化转型程度的有效措施。

2. 影响京津冀产业联动升级的多维因素

京津冀产业联动升级路径与机制的有效优化，受多层面因素的影响。基于对产业联动升级空间自相关性的探讨，本研究引用空间杜宾模型，进行空间溢出效应研判并进一步分解分析，从而更有效地剖析不同因素对产业联动升级的非线性影响及其异质性特征，为科学制定产业联动升级路径提供理论支撑。为深入探究产业数字化转型与联动升级影响因素的作用路径和影响强度，本研究将影响因素分为三个部分：内在要求、数字发展和外在约束，并在此基础上进行了多维度影响机制的实证分析。

一是基于内在要求视角下，除资本要素表现出不显著的作用关系外，劳动力水平、技术创新对京津冀产业联动升级具有显著的正向促进作用，且仅技术创新存在显著的空间溢出效应。因此，本研究提出的区域产业联动升级路径，是立足区域协同发展战略下产业链与创新链有机融合的有效路径。

二是基于数字发展视角下，数字化水平对产业联动升级存在显著的空间溢出促进作用，且其直接效应与间接效应均十分显著。因此，持续不断地强化数字技术发展迈上新台阶、加快构建数字交易及数字创新等平台的建设、推动数字联动及相互促进的新发展格局对于提升京津冀产业联动升级效果具有重要意义。

三是基于外在约束视角下，缩小城乡差距、提升基础设施水平、促进金融发展有助于促进产业联动升级效果的提升。本研究通过对机制进行剖析，进一步明确推动城乡融合进程、缩小城乡差距，建设现代化金融体系、深化金融体制改革，促进交通一体化发展、强化基础设施建设等产业联动升级的外在驱动路径。

3. 京津冀区域数字化转型与产业联动升级的多维路径

本研究立足于京津冀区域协同发展战略，对影响区域数字化转型和产业联动升级的作用路径展开了宏观视角的分析，以产业数字化和数字产业的相互作用为切入点，分别探讨了产业链数字化空间重构、数字产业联动发展进程的差异特征、协同政策推进和一体化建设的外部环境驱动等多维路径。

一是京津冀产业链数字化空间重构模式与实现路径。基于信息技术对京津冀制造业产业链空间重构的影响机理，结合制造业数字化空间布局的基本特征分析，提出了一种地理空间和数字化空间协同的制造业产业链空间重构模式，并分析了其一般实现路径。结合京津冀产业链空间重构面临的问题，所提出的重构模式具有一定优势，是协同推进京津冀区域产业转型与联动升级的有效途径。

二是京津冀区域内，数字产业联动发展进程呈现出从行业到地区的双重差异特征。在行业层面，电子及通信设备制造业的区域联动性最强，是产业联动的关键，也是推动京津冀数字化产业发展的重要行业；在地区层面，呈现出"中心强、边缘弱"的非均衡现象，北京的数字产业联动效果显著高于天津、河北，但天津增幅显著高于北京。在数字化视角下，数字化产业竞争力同样存在地区层面的"京高冀低"的梯度层次特征，且行业层面也表现出显著的差异性，三地数字化服务业的竞争力显著强于数字化制造业，数字化服务业发挥较强的引领作用。

三是京津冀区域协同发展政策的提出与实施，对区域数字化转型和产业联动升级存在显著正向促进作用，但表现出一定的城市异质性，即对于以北京为核心的中部功能城市，其正向影响效应不显著。因此，进一步明确京津冀区域协同发展战略实施的层次性和精准性显得尤为重要。

四是基于一体化建设的外部环境助推的发展路径。首先，构建"乡村—城镇"经济统筹发展的战略支点，加强数字乡村建设，为产业联动升级提供基础支撑；其次，以现代化金融体系建设为核心，充分发挥资本市场在产业发展中的"链条"效应，为区域数字化转型和不同需求类型的企业提供相匹配的资金和融资支持；最后，推动网络全覆盖，建设多层次的综合交通网络，强化要素流动和产业对接。

（二）主要对策建议

1. 强化京津冀工业互联网平台的建设和协同发展

从京津冀产业链地理空间和数字化空间的角度来看，京津冀要实现协同模式的重构和产业联动升级路径的优化，根本上依托于数字化平台的连接和集成功能，同时产业链提出了数字化转型升级的要求。工业互联网作为新一代新型工业集成平台，能够有效实现和满足数字技术与制造业深度融合的时代发展要求，因此，建设和完成京津冀地区共建、共享、互联、互通、稳定、高效的工业互联网是当前产业链数字化转型的关键支撑。通过产业链的全环节和全过程的连接和信息集成，工业互联网能够充分发挥其数据和资源整合优势，提高产业链运营效率和质量，实现人才链、供应链和产业链的有效衔接。此外，工业互联网可以在跨区域产业协同发展中构建高效、智能的全新生态，打破地区间要素和信息流动壁垒，从而有利于推动京津冀产业联动升级和产业链布局优化调整。京津冀三地应从自身实际出发，立足三地的区位、资源、产业特色，发挥各自优势，加强和完善跨区域工业互联网平台的建设，有效推进一体化进程，在推动工业互联网平台一体化发展的过程中，处理好差异化特色和一体化协同发展之间的关系，使区域数字化转型和一体化工业互联网建设，真正能够为京津冀三地实现企业跨区域联动和产业链升级重构提供有力的技术支持与信息保障。

2. 重视发挥产业链上核心企业的转移和数字化转型引领作用

京津冀产业链的升级重构依赖于地理空间和数字化空间的协同发展。从地理空间的升级转移来看，京津冀三地产业结构的相似性给地区间产业转移带来内生性阻力。同时，核心企业在产业链上占据主导地位，对产业链的结构和布局具有决定性影响。在明确地区分工和产业链分工的基础上，可通过核心企业的转移带动产业链的转移，推动核心企业和配套企业抱团式、集群式转移。从数字化空间的升级转移来看，核心企业在产业链上具有较强的关联性和影响作用，通过发挥核心企业的数字化转型引领作用可以加速推动整体产业链的数字化转型进程。应以产业链上的核心企业和大型企业为发力点，推动其跨地区布局或迁移，同时推进实施工业互联网试点示范项目，鼓励并支持核心企业自主研发建设工业互联网平台。

3. 瞄准协同发展战略补齐京津冀区域数字化转型的短板

着眼数字化人才的培养和引进。首先，做好数字化人才储备的顶层设计。制定数字化人才发展战略，精准科学布局未来，构建数字化人才评价机制，明确数字化人才的评判筛选标准；大力支持"政府+高校+研究院所+企业"的联合人才培养模式，建立柔性引才引智机制。探索技术移民政策落地，制定科学合理的绩效评估与福利激励政策，服务外籍人才资源。建设区域人才服务协同、人才流动合作、人才发展推动等配套机制，为人才跨区域流动提供便利。其次，多措并举营造适宜的投资环境。明确数字经济的投资范围，将资金用到提升数字经济发展的核心项目与技术上。多措并举引导社会资本正向投资。对京津冀区域的数字经济创新平台、产业基地和重点园区等基础设施加大投资力度，对重大项目和重点工程给予贷款贴息支持。对数字经济龙头企业在京津冀三地设立具有独立法人资格的机构、注册基本金额达到一定规模的企业给予一次性落户奖励。鼓励产业资本、金融机构和其他社会资本设立市场化运营的人工智能、物联网、大数据及其他数字经济细分领域的创业投资基金和产业投资基金，营造适合数字经济发展的投资环境。

聚焦数字领域的技术研发能力。第一，加强数字化核心技术的研究，提高自主研发与创新能力。加强人工智能、区块链、大数据、5G等核心技术研发，解决缺"芯"、封锁工业软件等区域关注的核心问题，降低对国外技术的依赖程度，实现庞大数据资源的有效开发利用，充分发挥数据作为关键创新要素驱动数字经济发展的作用。

第二，重点培育数字经济龙头企业并形成聚集效应，对高新技术企业和与数字经济发展高度相关的创业投资企业落实税收和股权激励优惠政策。第三，对数字化企业技术创新给予资源支持，提供更高额度的财政拨款支持数字技术应用，建立工业创新研究中心、工业创新产业园等支持数字技术研究和创新，并由政府牵头组成专家顾问团，指导和配合数字基建与技术项目的研发。

助推传统产业数字化提质增效。第一，加快农业数字化。培养农户通过信息化、数字化增加收入的致富意识，依靠农业专家引导农户通过手机App、小程序等，获取种养技术、市场信息、产品销售等实时在线的农业技术咨询。构建数字农业转型的技能普及体系，推广"龙头企业+合作社+农户"的模式，以龙头企业为引领，打造高水平农业产业园，推出更多操作便捷的大数据应用平台。第二，全面夯实工业数字化发展基础。强化制造业企业在自动化、数字化、智能化基础技术和产业支撑等方面的能力。鼓励政府与大型企业合作共同增加高端智能硬件、个性化定制软件技术供给，开展工业云平台建设与应用推广，推动各类生产资源的开放共享。第三，以先进技术带动服务业数字化发展，让数据成为核心生产要素加入服务活动中，推动企业的物料采购、物流、加工、零售、配送和服务等业务流程的数字化，打通全产业链的数据通道，推动政府、龙头企业、产业联盟、第三方机构等形成合力，尽快制定相关行业标准，绘制行业数字化转型的行动蓝图。

4. 聚焦新态势打造区域间协同的市场和平台体系

共建平台、共筑市场，以构建产业链为核心，聚焦重点领域，形成京津冀产业协同发展的新态势。第一，积极推进京津冀三地共建区域性的商品物流市场、土地储备交易共同市场、人力资源共同市场、信用征用共同市场、金融共同市场等。助推各类要素资源突破地域限制，让要素在更大范围内实现自由流动和优化配置，推动区域统一市场的形成。第二，完善平台支撑体系。进一步增强园区共建力度，以园区共建带动形成区域间生产要素、企业主体、产业链条的"耦合"，从而形成京津冀产业链共同发展的新格局。例如，在雄安新区、北京新机场临空经济区、曹妃甸协同发展示范区等共建示范产业园的基础上，合力共建一批现代化制造业合作平台，形成产业链的梯次布局。第三，聚焦京津冀三地具有较好协作基础、区域发展优势和全球发展前景的数字产业，集中打造重点数字产业链，形成对区域发展的整体带动。

目 录

第1章 绪 论 ······ 1
    1.1 研究背景和意义 ······ 4
        1.1.1 研究背景 ······ 4
        1.1.2 研究意义 ······ 6
    1.2 研究内容和方法 ······ 14
        1.2.1 研究内容 ······ 14
        1.2.2 研究方法 ······ 17
    1.3 研究思路和创新点 ······ 18
        1.3.1 研究思路 ······ 18
        1.3.2 研究创新点 ······ 19
    1.4 研究技术路线图 ······ 20

第2章 相关理论基础与文献综述 ······ 21
    2.1 相关理论基础 ······ 21
        2.1.1 区域协同发展理论 ······ 21
        2.1.2 产业升级理论 ······ 24
        2.1.3 数字经济理论 ······ 27
        2.1.4 创新生态系统理论 ······ 31

　　　　2.1.5 制度变迁理论 …………………………………… 33
　　2.2 文献综述 ……………………………………………… 36
　　　　2.2.1 数字化转型的相关研究 …………………………… 36
　　　　2.2.2 数字化转型推动产业升级的相关研究 …………… 38
　　　　2.2.3 协同理论的相关研究 ……………………………… 43
　　2.3 相关研究评述 ………………………………………… 48

第3章 京津冀区域数字化转型与产业联动升级解析 …… 50
　　3.1 京津冀协同发展现状及存在的问题 ………………… 50
　　　　3.1.1 京津冀协同发展现状 ……………………………… 51
　　　　3.1.2 京津冀协同发展存在的问题及原因分析 ………… 52
　　3.2 京津冀区域数字化转型分析 ………………………… 55
　　　　3.2.1 区域数字化转型的内涵 …………………………… 55
　　　　3.2.2 京津冀区域数字化转型的特征 …………………… 57
　　　　3.2.3 京津冀区域数字化转型存在的问题 ……………… 59
　　3.3 京津冀区域产业联动升级分析 ……………………… 63
　　　　3.3.1 京津冀区域产业联动升级的内涵 ………………… 63
　　　　3.3.2 京津冀区域产业联动升级的特征 ………………… 64
　　　　3.3.3 京津冀区域产业联动升级存在的问题 …………… 68
　　3.4 京津冀区域数字化转型与产业联动升级的关系 …… 71
　　　　3.4.1 京津冀区域数字化转型对产业联动升级的
　　　　　　　促进作用 …………………………………………… 71
　　　　3.4.2 京津冀区域产业联动升级对数字化转型的
　　　　　　　促进作用 …………………………………………… 73

第4章 京津冀区域数字化转型程度的测算与影响因素分析 …… 77
　　4.1 京津冀区域数字化转型评价指标的确定 …………… 77
　　　　4.1.1 基础转型能力 ……………………………………… 79

4.1.2　产业发展能力 ……………………………… 80
　　4.1.3　金融普惠能力 ……………………………… 81
　　4.1.4　政务服务能力 ……………………………… 82
4.2　京津冀区域数字化转型程度模型 …………………… 82
　　4.2.1　主成分分析 ………………………………… 83
　　4.2.2　数据的无量纲化处理 ……………………… 84
4.3　影响京津冀区域数字化转型因素的测算结果分析 …… 85
　　4.3.1　基础转型能力 ……………………………… 85
　　4.3.2　产业发展能力 ……………………………… 88
　　4.3.3　金融普惠能力 ……………………………… 90
　　4.3.4　政务服务能力 ……………………………… 93
　　4.3.5　数字化转型程度总体指标 ………………… 95
4.4　本章小结 ……………………………………………… 97

第5章　京津冀产业联动升级的多维度影响因素探究 …… 98
5.1　概述 …………………………………………………… 98
5.2　基于内在要求的产业联动升级影响因素 …………… 101
　　5.2.1　基于内在要求的影响机制模型构建 ……… 101
　　5.2.2　空间影响效应的分解 ……………………… 105
　　5.2.3　影响机制的测度分析 ……………………… 106
5.3　基于外在约束的产业联动升级影响因素 …………… 110
　　5.3.1　基于外在约束的影响机制模型构建 ……… 110
　　5.3.2　基于外在约束的影响机制的测量分析 …… 113
5.4　数字赋能条件下产业联动升级影响因素 …………… 115
　　5.4.1　数字化条件下影响机制的模型构建 ……… 116
　　5.4.2　数字化影响机制的测度分析 ……………… 117
5.5　本章小结 ……………………………………………… 119

5.5.1　基于内在要求层面的影响机制 ……………………… 119
　　　5.5.2　基于外在约束层面的影响机制 ……………………… 119
　　　5.5.3　基于数字驱动层面的影响机制 ……………………… 119

第6章　京津冀区域数字化转型与产业联动升级协同推进路径 …………………………………………………… 121

6.1　京津冀区域产业链数字化空间重构路径 ………………… 121
　　　6.1.1　数字化空间的内涵 …………………………………… 121
　　　6.1.2　产业数字化空间布局基本特征 ……………………… 122
　　　6.1.3　产业链数字化空间重构模式分析 …………………… 124
　　　6.1.4　产业链数字化空间重构实现路径 …………………… 127

6.2　京津冀数字产业竞争力提升路径 ………………………… 130
　　　6.2.1　数字化产业竞争力的测度方法 ……………………… 130
　　　6.2.2　数字化产业竞争力的多维差异分析 ………………… 136
　　　6.2.3　数字驱动下的提升路径及对策 ……………………… 139

6.3　协同政策驱动下的同步推进路径 ………………………… 142
　　　6.3.1　协同政策作用机理分析 ……………………………… 143
　　　6.3.2　协同政策驱动路径分析 ……………………………… 145

6.4　基于一体化建设的协同推进路径 ………………………… 147
　　　6.4.1　推动城乡融合进程，缩小城乡差距 ………………… 147
　　　6.4.2　建设现代化金融体系，深化金融体制改革 ………… 148
　　　6.4.3　加强基础设施建设，促进交通一体化发展 ………… 149

第7章　研究结论与对策建议 ………………………………… 150

7.1　研究结论 …………………………………………………… 150
　　　7.1.1　影响京津冀数字化转型的因素与测算 ……………… 150

  7.1.2 影响京津冀产业联动升级的因素分析 ……… 151
  7.1.3 京津冀区域数字化转型与产业联动
    升级的多维路径 ……………………………… 152
 7.2 对策建议 ………………………………………… 153
  7.2.1 强化京津冀工业互联网平台的建设和
    协同发展 ……………………………………… 153
  7.2.2 重视发挥产业链上核心企业的转移和
    数字化转型引领作用 ………………………… 154
  7.2.3 瞄准协同发展战略补齐京津冀区域数
    字化转型的短板 ……………………………… 154
  7.2.4 聚焦新态势打造区域间协同的市场和
    平台体系 ……………………………………… 156

参考文献 ………………………………………………… 157

第 1 章 绪 论

京津冀地区，地缘相接、人缘相亲，地域一体、文化一脉，具备相互融合、协同发展的天然基础。京津冀协同发展是一项重大国家战略，是集中解决中国面临各种错综复杂矛盾和挑战的战略性调整，是促进环渤海经济区发展、带动华北乃至整个北方腹地发展的重大国家战略，是我国体制和机制创新的试验田，是新型城镇化发展的新支点，是全面深化改革发展的发动机，是中国特色社会主义区域发展的新理念和新路径。[①] 通过这一战略的不断推进与实施，有利于促进京津冀地区经济提升，实现优势互补，有利于提升社会各界对经济发展前景的信心，有利于在一定程度上缓解北京在交通、住房、医疗等方面的压力。在数字经济快速发展的今天，如何协同推进区域数字化转型与产业联动升级，对破除区域发展壁垒，加速一体化进程具有重要的意义。

区域协同发展，是我国宏观政策长期追求的一个目标。所谓的区域协同主要有三个维度，即公平、高效、可持续。这三个问题在京津冀地区表现得尤为突出和典型。与此同时，京津冀地区又是最有条件解决这些问题的。因此，把京津冀协同发展作为区域整体协同发展改革的引领区成为改革发展的必然要求，通过京津冀地区的

---

① 京津冀一体化意义 [EB/OL]. [2023-10-16]. https://max.book118.com/html/2020/0728/7006166120002153.shtm.

率先改革取得突破性经验，进而引领和促进全国区域协同发展。《京津冀协同发展规划纲要》（中发〔2015〕16号）对京津冀区域的整体定位包含以下四点：一是首都为核心的世界级城市群；二是区域整体协同发展改革引领区；三是全国创新驱动经济增长新引擎；四是生态修复环境改善示范区。这一整体定位，既是从国家发展全局对京津冀提出的要求，也符合京津冀的发展基础与条件；既是宏伟的目标，又是通过努力可以实现的愿景。这四个目标相互联系、相辅相成，缺一不可，但其中打造世界级城市群的定位最为关键，具有统领性意义，因为其他几项，从某种意义而言，都可以理解为为实现这一总体定位需要努力的方面或需要着力解决的问题。

京津冀城市群是中国新时代背景下经济高质量发展及提升国际竞争力的重要增长极。我国作为世界第二大经济体，且处于经济增长阶段从高速向中高速的转换时期，促进经济持续稳定增长，需要从产业和区域两个方面培育新的增长点。从全国的角度来看，京津冀地区是继长三角之后，最具条件打造为新的世界级城市群的区域。因为这里不仅有北京强大的政治优势和科技创新优势，而且有天津强大的制造优势和研发转化优势，而河北制造业基础雄厚，区位优势显著，商贸物流产业发达。

京津冀城市群建设是解决北京大城市病和促进京津冀区域协同发展的共同需要。北京的大城市病主要根源在于以下两个方面：一是集中的功能过多，特别是产业结构层次模糊，没有与周围的区域和城市形成错位发展、互动发展的格局。北京以其强大的虹吸效应，集中了过多的资源，与此同时，天津、河北则面临资源流失，特别是周边河北省的市县，出现了所谓的环首都贫困带。要解决这个问题，就要使北京瘦下来、强起来，同时又要使周边地区长起来、胖起来，二者之间形成相辅相成的良性互动。北京的体量降不下来，没有空间发展更有优势的产业，则不能强起来；而周边地区不长起来，则不可能对北京首都功能的发挥形成支撑，北京的强也会因此缺乏坚实的基础。只有协同发展，共同打造世界级城市群，才能实现解决北京的大城市病、河北加快发展以及打造全国新的经济增长极三重目标。二是北京城市发展空间结构的不合理。长期以来，北京城市建设采取"摊大饼"和职住分离的方式，而不是按照核心区加卫星城的都市圈方式，或与周边区域城市协同发展的城市群方式，这必然造成交通拥堵等一系列问题。综合解决这一系列的问题，一方面要加快发展首都城市圈，以功能分散为抓手，建设卫星城，并尽可能实现职住合一，减少交通流量。另一方面要在统筹规划的基础上，在产业布局、基础设施建设、环境保护等方面，加强与周边城市的协调与合作，加快建设以首都为核心的世界级城市群。只有这样，才能够既有效解决北京的大城市病问题，也能够有效促进区域协同和津冀特别是河北的发展问题。因此，虽然京津冀协同发展的问题是从解决北京的大城市病延伸出来的，但在解决问题的理念和路径上，必须将其与促进河北发展、促进区域协同发展以及满足国家的战略需要相结合，力争取得"一石多鸟"的效果。把京津冀地区共同建设成为区域整体协同发展改革引领区、全国创新驱动经济增长新引擎、生态修复环境改善示范区，从京津冀区域协同发展面临的三项最重大的任务提出来的，都是实现协同发展、打造世界级城市群的重要任务或者途径。

京津冀区域协调发展是北京非首都功能疏解的重要途径。《京津冀协同发展规划纲要》把北京的功能定位为"四个中心"，即政治中心、文化中心、国际交往中心和科技创新中心，没有再提经济中心，并且明确提出，有效疏解北京非首都功能是整个战略的核心。从全国经济发展的战略格局来看，经济功能已不再是北京最主要的功能定位，这并不意味着北京不需要发展经济。实际上北京非首都功能的疏解与北京自身经济发展及促进津冀地区发展是相辅相成的。一方面，不把北京过度集中的非首都功能疏解出去，就不能为北京经济结构的升级腾出资源、留出空间，大城市病难以根治，从而很难很好地发挥四大功能。另一方面，不疏解北京非首都功能，就不能形成北京与津冀两地之间错位发展的格局，很难形成协同发展的局面。当然,这种疏解并不是简单的产业转移,而是在转型提升基础上的梯度转移。通过这种高质量转移,既可以促进津冀地区的发展,又能在京津冀之间形成分工协作、优势互补的格局,促进共同发展。

京津冀地区依托中心腹地优势,发挥着"承南启北"的辐射引领作用,为中国区域协调发展持续注入新动能。以"一核、双城、三轴、四区、多节点"为主体框架的京津冀城市群,稳步推进以轴带点、以点连面的空间联动布局优化,城市群体系正由层次化逐步走向网络化,形成了联系密切、协作对接的网络体系。雄安新区的规划与建设,进一步优化了京津冀区域的空间结构,是京津冀全面实现现代化治理体系和治理能力的重要环节。在纵深推进京津冀协同发展、深入挖掘城市相互联动的发展潜力过程中,积极推进区域数字化转型,加快区域产业联动升级,实现数字化产业与传统产业协同发展,既是区域协同战略中需要率先突破的领域,也是新时代区域经济高质量发展的重要路径。

1.1 研究背景和意义

1.1.1 研究背景

2014年2月,以习近平同志为核心的党中央站在国家发展全局的高度,做出了推进京津冀协同发展的重大决策①。2015年,中共中央政治局审议通过了《京津冀协同发展规划纲要》,指出推动京津冀协同发展是一个重大国家战略。2016年,《"十三五"时期京津冀国民经济和社会发展规划》,明确了京津冀地区未来五年的发展目标。随着国家"新基建、新要素"的提出,加快培育数字要素市场,

---

① 2014年2月26日,习近平总书记在北京召开座谈会,明确提出京津冀协同发展的重大战略(参见中华人民共和国中央人民政府网站)。

成为适应数字经济发展的大趋势。

统计数据显示，2022年，北京、天津、河北经济总量突破10万亿元①，北京数字经济增加值占国内生产总值（GDP）的比重超过40%，天津高新技术制造业占工业增加值比重为14.2%、河北高新技术产业增加值占工业增加值的比重为20.6%，②北京流向津冀地区的技术合同成交额达356.9亿元，累计超2100亿元，天津引进北京投资新设机构1406家，新落地重大项目318个，③区域整体实力迈上新台阶。北京向外疏解与内部重组相互促进的发展格局加快完善，非首都功能的疏解扎实推进，中国星网总部项目主体结构封顶，中国中化和中国华能总部项目加快建设，中国矿产资源集团在新区注册落地并完成总部选址。首批4所疏解高校、2家疏解医院确定选址。北京市以"交钥匙"方式支持建设的幼儿园、小学、中学项目建成移交新区，中央企业在新区设立各类机构累计达140余家。北京市的内部功能重组工作有序推进，累计疏解退出一般制造业和污染企业近3000家，提升区域性专业市场和物流中心近1000个。④创新驱动持续发力，重点领域加速协同，大兴国际机场临空经济区加快建设，综合保税区（一期）正式运营，保税仓储物流中心、多式联运库等投入使用，一批临空指向性强、航空关联度高的产业项目有序建设，京津冀始终坚持创新引领，持续加大创新投入，高端产业引领发展，新业态新模式展现活力，创新主体发展壮大。在位于北京市海淀区的京津冀国家技术创新中心，新能源汽车、光电显示等8个产业领域开展研发攻关，"微型化双光子显微镜""活细

---

① 京津冀经济总量突破10万亿元 [EB/OL]. (2023-02-23) [2024-11-18]. https://politics.gmw.cn/2023-02/23/content_36385574.htm.

② 2022年京津冀经济总量突破10万亿元新兴经济快速发展 [EB/OL]. [2023-10-26]. https://www.chinanews.com.cn/cj/2023/02-20/9957102.shtml.

③ 京畿大地起宏图：推进京津冀协同发展9周年综述 [EB/OL]. (2023-02-27) [2024-06-08]. https://www.rmzxw.com.cn/c/2023-02-27/3299630.shtml.

④ 京畿大地起宏图：推进京津冀协同发展9周年综述 [EB/OL]. (2023-02-27) [2024-06-08]. https://www.rmzxw.com.cn/c/2023-02-27/3299630.shtml.

胞超分辨显微镜"等11项技术成果已达到世界先进水平。科技研发成果逐渐转化,助力高新技术制造业、数字经济等领域持续发力,为高质量发展注入创新动能。在协同发展引领下,京津冀持续加大创新投入,新兴经济快速发展。重点领域协同水平持续上升,"轨道上的京津冀"主框架形成,生态、产业等重点领域协同率先突破,形成相互衔接、互为促进的良好态势。交通一体化建设取得新进展。京张高铁、京唐城际、京滨城际开通运营,京哈高铁全线贯通,京昆、京台、京秦等9条高速公路相继建成通车,群众出行更加快速便捷。京津雄核心区半小时通达、京津冀主要城市1~1.5小时交通圈加速形成。产业转移承接有序推进。河北省与中国科学院国家技术转移中心等11家技术转移机构共建京津冀科技成果协同转化中心等平台。京津冀三地共建、共享良好局面业已形成,保障和改善民生能力持续提升,优质公共服务资源均衡配置水平进一步优化,基本公共服务均等化水平持续提高,以人民为中心的价值导向,为京津冀协同发展赋予新的时代内涵,京津冀协同发展进入高速发展的历史新阶段。

国家"十四五"规划和中央经济工作会议明确提出,发展数字经济,推进数字产业化和产业数字化,促进数字经济和实体经济深度融合。因此,数字化转型已经成为当前产业发展的热点方向和主流趋势。另外,新常态下区域经济发展更强调产业联动,张梅①(2021)通过产业联动推进更广领域、更深层次的经济合作与协调发展。在此背景下,为进一步缩小京津冀产业转移梯度落差、推动各区域产业数字化转型,对京津冀区域数字化转型与产业联动升级的协同推进问题展开相关研究具有必要性和紧迫性。

1.1.2 研究意义

京津冀区域数字化转型与产业联动升级问题是国家战略下的区

---

① 张梅. 长江经济带产业联动网络的结构特征及其解释[J]. 财经理论研究,2021(3):35-46.

域协同再造工程。自京津冀协同发展战略实施以来，这个涵盖1.1亿人口、超10万亿元经济总量的超大规模城市群，正经历着前所未有的结构性变革。在数字经济浪潮席卷全球的背景下，区域发展格局呈现出新的时代特征：北京中关村科技园区的算法工程师与曹妃甸港区的智能调度系统实现实时联动，天津滨海新区的工业互联网平台与河北廊坊的智能工厂完成数据共享，雄安新区的数字孪生城市与北京城市副中心的智慧政务系统协同演进。这种跨越行政边界的数字化协同，正在重塑中国北方经济版图。其战略意义主要体现在以下几个方面。

推进京津冀数字化转型是区域经济发展的战略重构，体现了数字经济时代的区域竞争新逻辑。全球产业链重构浪潮中，数字技术正在深刻重塑经济地理格局。波士顿咨询公司（BCG）研究显示，数字化转型可使制造业企业成本降低17.6%，营收增加26%。[①] 这种变革压力倒逼京津冀地区必须突破传统的"虹吸—承接"发展模式。北京数字经济发展水平位列全球第二[②]，北京数字经济发展指数达到82.3，而河北仅为58.7的显著差异，凸显区域协同的紧迫性。面对长三角G60科创走廊、粤港澳大湾区等区域的竞争态势，京津冀亟须构建新的竞争优势。

国家战略层面的顶层设计持续加码。《"十四五"数字经济发展规划》（国发〔2021〕29号）明确提出"在京津冀、长三角、粤港澳大湾区、成渝地区双城经济圈、贵州、内蒙古、甘肃、宁夏等地区布局全国一体化算力网络国家枢纽节点，建设数据中心集群，结合应用、产业等发展需求优化数据中心建设布局。"这一定位要求三地突破行政壁垒，打破京津冀三地的基础设施差异，但基础设施的

---

① 工业软件助力制造业数字化转型［EB/OL］.（2021-03-15）［2023-12-16］. https://www.sohu.com/a/455735512_100055019.

② 北京数字经济发展水平位列全球第二　在数字创新策源方面处于全球引领位置［EB/OL］.（2024-07-04）［2024-12-16］. http://district.ce.cn/newarea/roll/202407/04/t20240704_39059529.shtml.

梯度差异恰为产业协同提供可能。雄安新区数字经济创新发展试验区、北京国际大数据交易所、天津人工智能创新中心的建设，正在搭建起区域数字生态系统的骨架。区域经济格局的深度调整催生新动能。2014年以来，北京累计退出一般制造和污染企业近3200家，疏解提升区域性专业市场和物流中心近1000个①。天津数字经济产业聚集效应逐步显现。天津多点开花抢占"数字经济"先机。经开区获批国家数字服务出口基地，强化和提升京津冀及华北地区数字经济出口辐射和带动作用；中新天津生态城设立北方大数据交易中心，立足京津冀辐射全国；滨海高新区吸引龙头项目落户，新型经济企业不断崛起，推动高新区大数据产业加速集聚……天津七成以上新兴产业领军企业集聚在滨海新区，涉及处理器、集成电路、操作系统、大数据和云计算等领域。②河北承接京津转移项目投资额突破1.5万亿元。这种产业空间的重新配置，在数字技术赋能下正在形成"北京研发—天津转化—河北制造"的新型分工体系。

京津冀区域数字化转型与产业联动升级是新技术革命的必然结果，体现了数字化转型驱动的产业生态重构逻辑。新基建布局构建数字底座。2024年2月22日，京津冀协同发展联合工作办公室组织召开京津冀协同发展十年成效新闻发布会，亮出了协同发展10年"成绩单"。数据显示，三地经济总量连跨5个万亿元台阶，达到10.4万亿元，是2013年的1.9倍。③针对百姓关心的交通方面，交通协同专题工作组介绍，京津冀地区"1小时交通圈"初具规模，下一步将加快雄商、雄忻、津潍高铁、京滨城际（南段）建设。④

2025年1月3日，京津冀协同发展统计监测办公室发布京津冀

---

① 从十年成绩单看京津冀协同发展之变［EB/OL］.（2023-02-07）［2024-10-16］. http://www.news.cn/local/20240207/b76758dc1b874b59aecd211c497115c2/c.html.
② 京津冀发展报告（2022）：数字经济助推区域协同发展［N］. 天津日报，2022-07-14.
③ 京津冀三地经济总量达10.4万亿元［N］. 北京青年报，2024-02-23（01：38）.
④ 1小时交通圈初具规模，京津冀还将建这些高速、高铁［N］. 北京日报，2024-02-22.

协同发展指数。测算结果显示，2023年京津冀区域协同发展指数为148.8（以2014年为基期），比2022年提高5.6。①

2024年9月，国家统计局发布的新中国75年经济社会发展成就系列报告指出，自2014年提出京津冀协同发展以来，京津冀三地优势互补、协同发展，区域经济发展取得积极进展。经济发展量增质升。2023年，京津冀经济总量从2013年的55340亿元提升至104442亿元。按不变价格计算，年均增长5.8%，人均地区生产总值2023年为95338元，比全国平均水平高5980元。承接疏解纵深推进，北京首都功能布局不断优化。10年来城市"留白增绿"超9000公顷，城乡建设用地减量130平方千米，成为全国首个减量发展的超大城市。雄安新区城市框架基本显现，4000多座楼宇拔地而起，"四纵三横"的高速公路和对外骨干路网全面建成，进入了大规模建设和承接非首都功能并重的新阶段。协同创新动力增强。2023年，"京津冀协同创新推动专项"支持课题95项，累计投入科研经费近2.4亿元。区域有效发明专利拥有量70.3万件，是2013年的6.7倍。公共服务和发展成果共建共享持续推进。2023年，京津冀三地PM2.5浓度与2013年相比分别下降64.2%、57.3%和64.3%，国家地表水考核断面水质优良比例动态达到国家"十四五"目标要求。民生服务共建共享。10年来，京津200多所中小学幼儿园与河北开展办学合作，三地建立多个跨区域职教联盟和高校联盟，联合推动社保"一卡通"建设，异地就医备案全面取消。②

在百年未有之大变局下，京津冀区域数字化转型与产业联动升级已超越单纯的技术应用层面，正在演变为一场深刻的区域生产关系变革。这种变革不仅关乎1.1亿人的福祉，更是中国参与全球数字经济竞争的重要战略支点。当北京的算法、天津的智能工厂、河

---

① 2023年京津冀协同发展指数发布 创新指数增幅最高［N］.北京日报，2025-01-03.

② 多组数据透视京津冀区域经济发展"成绩单"［EB/OL］.（2024-09-17）［2024-12-16］.https://news.cctv.cn/2024/09/17/ARTelTziR3AVUi13DZIPzvs240917.shtml.

北的云计算中心通过数字神经网络紧密相连，一个具有全球影响力的数字城市群正在华北大地崛起，这既是区域发展范式的创新突破，更是国家竞争优势的重构升级。未来，随着数据要素的跨域流动更加顺畅、数字技术与实体经济融合更加深入，京津冀有望打造出数字经济时代区域协同发展的中国样板。

1. 理论意义

京津冀区域数字化转型与产业联动升级问题研究的理论意义主要体现在以下几个方面，涉及区域协同发展、产业升级、数字经济以及公共管理等多个领域的理论深化与创新。一是丰富区域协同发展理论，通过探索区域资源优化配置机制，研究京津冀数字化转型如何通过数据要素流动、数字技术渗透和产业联动打破行政壁垒，推动区域内人才、资本、技术等资源的跨区域高效配置，为区域协同发展提供新的理论视角。通过协同效应量化分析，验证数字化转型对京津冀产业联动的促进作用，可构建区域协同效应（如经济溢出、创新扩散）的评估模型，补充传统区域经济学的协同理论框架。二是拓展产业升级理论，丰富和完善产业链重构与价值网络理论。数字化转型推动传统产业链向数字化、智能化方向升级，研究京津冀产业联动的模式（如"链主"企业带动、产业集群数字化协同），可为全球价值链重构背景下区域产业链韧性、分工效率的理论研究提供新案例。通过分析数字经济与传统产业（如制造业、农业、服务业）的深度融合机制（如工业互联网、智慧农业），可深化产业边界模糊化、跨界融合的理论内涵。三是深化数字经济学理论，通过探索数据要素驱动增长机制，研究京津冀区域内数据要素的共享机制（如数据交易平台、跨区域数据确权）及其对全要素生产率的影响，可补充数据作为新型生产要素的价值创造理论。通过探索平台经济与区域生态构建问题，分析数字平台（如工业互联网平台、政务协同平台）如何赋能京津冀中小微企业、促进产业生态协同，为平台经济与区域经济结合的"平台—生态"理论提供实证支撑。

四是创新公共管理与政策理论。探索和完善跨区域治理机制的顶层设计，针对京津冀三地政策差异、数字基础设施不均衡等问题，探索数字化转型中"政府—市场—社会"的协同治理模式（如"飞地经济"数字化管理、跨域政务数据互通），可丰富多层级治理理论。通过研究京津冀在数字基建投资、产业政策协同（如算力网络布局、数字人才流动）中的创新实践，可丰富数字化转型政策工具组合，为区域数字化政策工具箱设计提供理论依据。五是完善创新生态系统理论。通过数字技术驱动的创新扩散，分析京津冀数字技术（如人工智能、区块链）在产业链中的应用路径，可揭示"技术—产业—空间"协同创新的动态规律，补充创新地理学理论。通过研究京津冀高校、科研机构与企业的数字化联动机制（如虚拟实验室、跨区域数字创新联盟），丰富产学研协同数字化模式，为开放式创新理论提供新场域。六是推动可持续发展理论融合。通过探讨数字化转型如何通过能源管理智能化、产业循环经济数字化（如碳足迹追踪）促进京津冀绿色转型，打通数字化与绿色低碳协同路径，为"数字—绿色"双转型理论提供区域实践支撑。

综上所述，京津冀区域数字化转型与产业联动升级问题的研究，不仅能够验证现有区域经济、数字经济和产业组织理论在超大城市群场域下的适用性，还能够通过案例提炼出具有中国特色的理论框架（如"行政主导+市场驱动"的协同模式），为全球发展中国家探索区域数字化协同发展提供理论参考。同时，这一研究有助于填补数字技术如何系统性重塑区域产业分工与空间结构的理论空白，推动多学科交叉融合（如经济地理学与复杂系统科学）。

本研究以京津冀一体化推进为研究对象，以在数字转型和行业升级过程中存在的实际问题为导向，研究京津冀地区所存在的数字化转型的基础条件不一致，顶层设计不统一、基础数据不准确和转型进度不均衡，区域产业链之间的关联有待提升等问题。一是提出区域数字化转型的指标体系。从基础设施完善程度、产业发展能力、金融普惠能力和政务服务能力四个方面分析影响区域数字化转型的主要因素，挖掘并验证影响区域数字化转型的深层原因。二是构建京津冀产业联动升级的测度体系。在厘清产业联动升级的内涵和概念界定的基础上，以"地区—产业—行业"为研究视角，从产业间结构优化和产业内部效率提升双重维度，构建产业联动升级的测度模型，设计满足实际需要的测度体系和统计方法，分析影响京津冀区域产业联动升级的重要因素；构建产业联动升级效果的多维测度体系，并提出基于分布拟合及联动辐射效果的客观统计评价方法，从理论上丰富和深化京津冀产业联动升级的相关研究成果。三是将产业联动升级效果测度需要与面板平滑转换、非参数等非线性计量分析模型理论相结合，为深入探讨京津冀产业联动升级的经济质量增长和空间联动发展的影响效果提供了理论支撑，是将数理统计理论与经济社会问题进行有机融合的有利探索。四是综合研究协同推进战略下区域数字化转型对产业联动升级的溢出效应及其异质性特征，有效、充分地探究了多视角下区域数字化转型和产业联动升级的影响机理，并从协同政策驱动、数字产业化、产业数字化及共同外部环境助推等多维度对产业联动升级路径进行了量化和探讨，是对区域经济协同发展研究的有益探索和补充。基于区域经济发展视角开展数字化转型与产业联动升级的协同推进路径和机制研究，丰富和补充了现有关于产业数字化转型与产业升级理论体系。

2. 现实意义

京津冀区域数字化转型与产业联动升级问题研究具有重要的现实意义，主要体现在以下几个方面。一是服务国家战略，推动区域协同发展。数字化转型是打破行政壁垒、优化区域资源配置的重要手段，可加速三地产业、技术、人才和数据的互联互通，助力构建"一核两翼"发展格局（北京为核心，天津、河北为两翼），为落实京津冀协同发展战略提供有力支撑。二是为雄安新区与北京城市副中心建设提供研究支撑。通过数字技术赋能智慧城市建设、产业生态布局，推动非首都功能疏解与高质量承接。三是促进产业升级与经济高质量发展。河北的钢铁、化工等传统产业通过工业互联网、智能制造实现绿色化、高端化转型；天津依托港口优势发展数字贸易与先进制造；北京科技研发能力与天津、河北的应用场景相结合，加速人工智能、大数据、区块链等技术的产业化落地，形成跨区域创新链与产业链，推动三地数据要素流通，培育数字产业集群（如京津冀大数据综合试验区），打造全国数字经济新高地，释放数字经济红利。四是破解区域发展不平衡问题。通过数字基础设施共建共享（如5G网络、算力中心），提升河北的数字能力，避免区域分化加剧，缩小"数字鸿沟"；通过建设数字化平台，促进人才、技术、资本跨区域匹配，如北京研发—天津转化—河北制造的协同模式，优化要素流动。五是推动绿色转型与可持续发展。利用物联网、大数据监测京津冀大气污染，实现联防联控，数字技术助力高耗能产业节能减排，实现智慧环保与生态协同发展新格局，通过产业数字化链接区域资源，构建绿色供应链（如废钢资源数字化交易平台），促进循环经济模式完善与创新。六是提升国际竞争力与开放水平。京津冀协同构建数字贸易规则、跨境数据流动机制，增强参与全球产业链的话语权，打造数字"双循环"枢纽；通过数字技术整合区域高端制造（如天津飞机组装、河北装备制造），形成具有国际竞争力的产业带，培育世界级产业集群。七是为全国提供示范经验。探索跨行政区协同机制，破解数据标准不统一、利益分配难等问题，为长三角、粤港澳等区域数字化转型提供政策参考。通过传统工业、农业、服务业的数字化转型实践，形成可复制的产业升级模式，并以此验证"数实融合"路径。八是满足现实挑战的迫切需求。全球供应链重构背景下，需通过数字化增强区域产业链韧性，解决产业断链风险。利用数字技术优化三地公共服务（如跨区域医保结算、远程教育），提升居民获得感，回应京津冀三地的民生需求。

  本研究不仅关乎京津冀自身发展，更是中国探索区域协同创新、实现"数实融合"转型的关键试验场。其成果可为政策制定者提供科学依据，为企业布局指明方向，并为全球城市群数字化发展贡献中国方案。数字化转型是企业提高效率、降低成本、提升竞争力的必然途径，也是发展数字经济的根本要求，更是区域经济一体化推进和产业联动升级的基础和保障。区域产业联动升级是优化经济结构、促进经济高质量发展的重要抓手，也是推进京津冀区域协同发展战略有效实施的重点领域。站在历史的新起点上，提升京津冀区域数字化转型水平和产业联动转型升级效果对于创建我国区域协调一体化示范区、重塑区域经济竞争新优势具有重要驱动价值。当前，京津冀区域内各省市数字化转型和产业联动升级水平不断推进，然而受限于自然条件、基础设施条件、产业政策及资源禀赋多重因素的影响，数字化转型程度参差不齐，产业发展表现出较大的地区差异和行业异质性。因而，在纵深推进京津冀协同发展、有序疏解北京非首都功能、加快提升津冀承接效能的进程中，构建区域数字化转型的指标体系，分析其影响要素和原因；有效测度京津冀产业联动升级效果，对其演进特征及地区差异进行客观合理的评价，厘清区域内细分产业的差异性及演进特征，进一步量化转型升级动力和多维提升路径，是京津冀经济、社会发展进程中不可或缺的重要环节，有助于各地厘清产业差异及转型升级重点、把握新一轮的产业经济发展机遇，为全面推进产业数字化转型和区域产业升级战略，落实《京津冀协同发展规划纲要》提供实践指导，有利于推进疏解北京非首都功能产业，推动京津冀协同发展进程，应用前景广阔。

1.2 研究内容和方法

1.2.1 研究内容

本研究以区域数字化转型与产业联动升级为研究对象，探究推进京津冀协同发展的路径和机制。第一，在认真梳理相关文献的基础上，深刻剖析了京津冀区域数字化转型和产业联动升级的特性。第二，分析了京津冀区域数字化转型的影响因素，构建了区域数字化转型的指标体系，并利用京津冀地区的历史面板数据进行测度分析。第三，基于京津冀各地区资源禀赋、社会经济发展及产业动力等层面的差异性，从内部要求、外在约束和数字驱动三个层面，对影响京津冀区域产业联动升级的作用机制及空间溢出效应进行探讨和考量，多层面、多视角剖析了京津冀区域产业联动转型升级的影响因素。第四，探讨了京津冀区域数字化转型与产业联动升级的实现机制和实施路径。第五，给出了京津冀区域数字化转型和产业联动升级的实现机制和对策建议。本研究的重点和难点主要包括两个方面：一是京津冀区域数字化转型程度指标体系的构建和区域产业联动升级的影响因素分析，评价并解析区域数字化转型程度与京津冀产业联动升级水平，是分析京津冀区域数字化转型与产业联动升级协同推进的前提和关键，也为进一步研究协同推进机理和实现路径奠定扎实的基础。二是探究京津冀区域数字化转型与产业联动升级协同推进机理和实现路径。准确把握区域数字化转型的影响因素和区域产业联动升级的影响因素，并找出二者的共性，是找准京津冀区域数字化转型和产业联动升级协同推进机理和实现路径的前提和基础，也为后续二者协同推进的实现机制及其政策建议提供实证根据。

本研究的主要内容包括：

1. 京津冀区域数字化转型与产业联动升级解析

首先，剖析京津冀协同发展现状及其存在的问题，并针对存在的问题，从经济结构、人口流动、生态和环境保护、资源配置和协同机制等方面进行分析与归纳。其次，对京津冀数字化转型的特性进行解析。在界定区域数字化转型内涵的基础上，分析和归纳京津冀数字化转型的特征，找出京津冀区域数字化转型存在的主要问题。再次，解析京津冀产业联动升级的特征和存在的问题。在界定产业联动升级内涵和京津冀产业联动升级内涵的基础上，阐述京津冀产业联动升级的特点，找出京津冀产业联动升级存在的问题。最后，梳理和研究了京津冀区域数字化转型与京津冀产业联动升级的关系。分析京津冀区域数字化转型促进产业联动升级的影响因素，剖析了产业联动升级对区域数字化转型的促进作用和影响要素，阐述了数字产业化和产业数字化的关系。

2. 京津冀区域数字化转型程度的测算与影响因素分析

在研究了国内外数字化转型指标体系的基础上，选取切合京津冀地区特点的构建指标体系，系统化地测量京津冀区域内各地区的数字化转型程度。以往对数字化转型的研究多采用定性分析，而极少有将其用定量指标来衡量的文献，在现有的定量分析文献中，国内外给定的指标体系各有不同，存在显著的差异性。对现有的数字化转型指标体系进行中国化和区域化处理，使其能够用京津冀各省市现有数据来衡量，并在此基础上，分析和验证影响京津冀区域数字化转型的各主要因素。

3. 京津冀产业联动升级的多维度影响因素探究

京津冀产业联动升级的影响因素与经济影响效应分析。研究将基于如何科学测度区域产业联动升级水平提升的社会经济效应，以京津冀协同发展为导向，通过理论和实证量化产业联动升级对经济增长和空间联动布局的影响效应。基于实际问题，设计构建非线性模型的测度方法，深入剖析其作用机理。具体由两个层面的定量分析构成：一是产业联动升级的经济增长质量影响效应；二是产业联动升级的经济联动发展的影响效应。

4. 京津冀区域数字化转型与产业联动升级协同推进路径研究

基于数字化转型与产业联动升级的内在要求，探讨京津冀区域数字化转型对产业联动升级的直接或间接影响因素；从外在约束出发，探讨了区域发展政策和区域经济要素对京津冀区域数字化转型与产业联动升级协同推进的直接或间接影响因素。借助设计的测度方法，以"行业→产业→城市→区域"为主体框架，从产业联动升级动力入手，进行影响因素作用机理剖析，综合考虑地理区位、产业转移功能及要素禀赋等相对优势及发展差异，探究京津冀协同发展视角下，区域数字化转型和产业联动升级等多维度影响因素，并进行数字赋能的实证分析，探究推动京津冀区域数字化转型和产业联动升级的动态优化策略和影响因素。

5. 京津冀区域数字化转型与产业联动升级协同推进的对策建议

剖析京津冀区域数字化转型与产业联动升级内部要素，结合宏观政策环境构建二者协同推进的闭环影响路径，聚焦京津冀地区协同治理的政策目标，探讨宏观政策环境对京津冀区域数字化转型与产业联动升级协同推进的影响机制，提出政策环境作用下二者协同推进的政策建议，构建京津冀区域数字化转型与产业联动升级协同推进的政策体系。

1.2.2 研究方法

本研究基于已有的分析方法和量化框架，结合京津冀数字化转型和产业联动升级的方向与目标，针对各项研究内容，提出符合科学性、有效性的区域数字化转型和产业联动升级效果评价方法和优化路径。

1. 文献分析法

通过对国内外相关文献的整理，提炼出契合新常态及新时代背景下的区域数字化转型和产业联动升级概念与内涵，探究京津冀协同发展现状和存在的问题，深入解析区域数字化转型和产业联动升级的特征与存在的问题，剖析区域数字化转型与产业联动升级之间的互相作用关系，为后续的研究奠定基础。

2. 比较分析法

在探讨产业联动升级效果测度值的地区差异时，运用比较分析法，从静态和动态两个层面对产业联动升级效果进行测度分析，并且在刻画整体产业联动升级效果的基础上，进一步对产业内部细分行业的升级演化进程进行异质性比较分析。此外，在产业联动升级的经济空间联动效应分析的基础上，进一步与产业联动升级速度对经济空间联动潜力的作用机制进行了比较分析。

3. 定量分析法

在明确研究目的和研究内容的基础上，选取概率分布、Coupla函数、非线性回归模型、空间计量模型等技术方法，通过京津冀区域面板数据，对相关影响效应及作用机制进行定量及实证分析，以定量估计结果充实研究内容，运用路径分析理论与方法、模拟实验方法和主体建模方法，分析京津冀区域数字化转型与产业联动升级协同推进路径效应；综合运用系统论、改进最小二乘估计、线性多元回归方程模型实证分析京津冀区域数字化转型与产业联动升级的影响因素，并对数字产业竞争力提升路径进行分析。在验证京津冀产业联动升级空间相关性的基础上，设计构建空间计量的分析方法，并通过溢出效应的分解分析，深入剖析了多维因素对产业联动升级的影响，构建了路径的量化反映指标，有效研判了其提升路径。

1.3 研究思路和创新点

1.3.1 研究思路

1. 研究目标

理论目标：基于京津冀区域视角，建立京津冀区域数字化转型成熟度与产业联动升级协同推进的内在机理理论框架，丰富和拓展数字化转型理论和产业联动升级理论体系。实践目标：从内外因素视角剖析京津冀区域数字化转型成熟度与产业联动升级协同推进的机理与机制路径，为京津冀区域数字化转型和产业联动升级提供实践指导。

2. 基本思路

本研究立足于"京津冀区域数字化转型与产业联动升级"的现实问题，运用数理建模、计量分析、数值仿真和实证评价的理论与方法，沿着"提出问题→机理分析→路径构建→实现机制"的逻辑展开，采用定性分析、理论推导和实证研究相结合的方式，形成了从理论到应用的研究思路，为解决现实问题构建了理论框架，而理论框架又进一步指导了实践。

1.3.2 研究创新点

1. 研究视角的创新

从京津冀区域发展视角解析数字化转型与产业联动升级。传统分析范式较多基于企业层面分析数字化转型，以及单个产业联动升级问题，较少考虑从京津冀区域视角分析经济发展不均衡，区域间的数字化转型与产业联动升级。本研究以京津冀为载体，分析京津冀区域数字化转型与产业联动升级的协同推进，建立协同推进路径和机制。与以往研究相比，本研究视角由传统的单个独立区域和独立产业视角拓展至跨区域与跨区域产业视角。

2. 研究设计的创新

建立京津冀区域数字化转型与产业联动升级协同推进的实现机制框架。相对于现有的文献仅对企业数字化转型或产业联动升级进行独立研究的特点，本研究从京津冀区域视角，将京津冀区域数字化转型与产业联动升级置于一个系统框架内进行探讨，剖析京津冀区域数字化转型与产业联动升级协同推进的影响路径，检验其路径效应。与以往研究相比，本研究由传统研究对象的独立关系分析向交互关系分析拓展，并融合线性与非线性研究范式。

3. 研究内容的创新

从区域数字化转型和产业联动升级的测度和评价两个方面构建分析框架，并基于概率密度分布提出了合理、客观的评价方法，全面反映区域数字化转型程度和产业联动升级的多重影响因素。基于协同背景下的空间联动效应的研究内容，提出了提升数字产业竞争力、重构产业供应链数字化空间和政策协同推进的路径与机制。

1.4 研究技术路线图

本研究技术路线图见图 1-1。

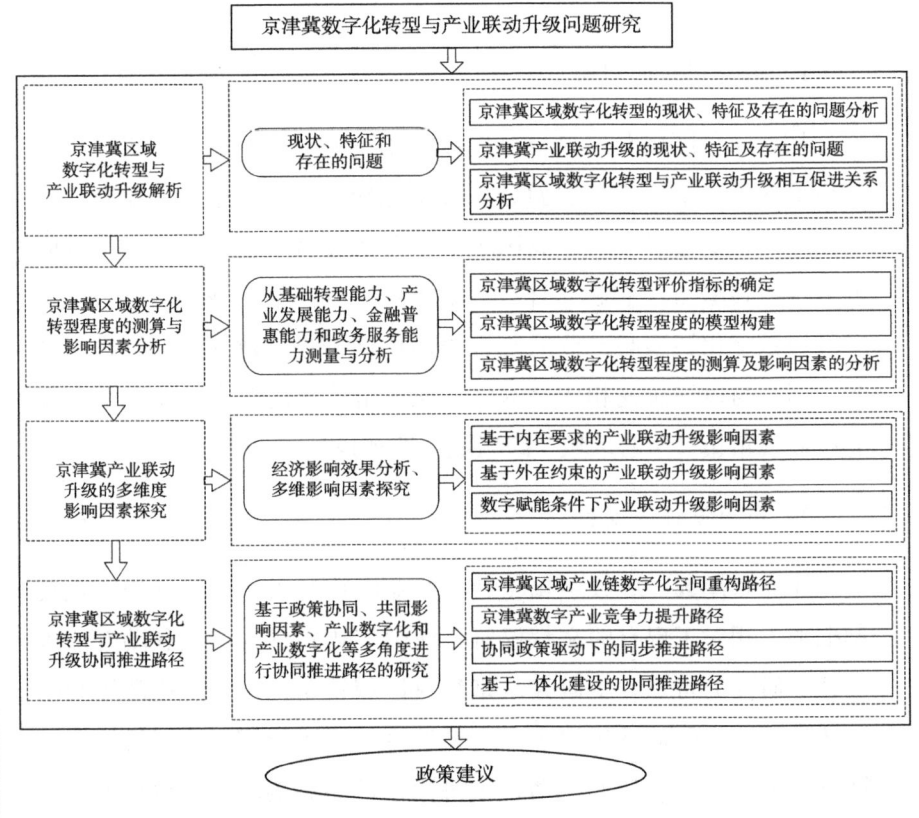

图 1-1　本研究技术路线图

第 2 章 相关理论基础与文献综述

京津冀区域数字化转型与产业联动升级问题的研究涉及多学科理论交叉，如区域协同发展理论、产业升级理论、数字经济理论、创新生态系统理论和制度变迁理论等，这些理论相互渗透、相互交叉，为京津冀区域数字化转型与产业联动升级问题的研究提供了强有力的理论支撑。国内外研究区域经济协同发展和数字化转型的相关文献已形成较为清晰的分析框架，也为本研究提供了丰富的参考与借鉴。

2.1 相关理论基础

对京津冀区域数字化转型与产业联动升级问题进行探究，必须对相关核心理论基础进行梳理与分析，以便为研究提供分析框架与逻辑支撑，界定问题研究的边界，揭示内在机制与因果关系，识别关键矛盾与风险，支撑跨学科整合研究，体现多层次赋能价值。

2.1.1 区域协同发展理论

区域协同发展理论是研究不同地理单元之间如何通过要素流动、产业分工、制度协调等机制实现整体效益最大化的核心理论体系。其发展融合了经济学、地理学、管理学多学科视角，尤其在我国京津冀、长三角等城市群实践中得到深化与创新。以下从演进脉络、核心模型、关键应用场景及实践生命力等方面系统阐述。

1. 区域协同发展理论的演进脉络

区域协同发展理论发源于增长极理论、核心—边缘理论、新经济地理学、协同效应理论、制度变迁理论和新区域主义理论。佩鲁（Francois Perroux）首次提出的增长极理论认为经济增长先通过"极化效应"向核心区域集聚，再通过"扩散效应"带动外围区域。然而，早期的增长极理论模型忽视了空间互动，对协同机制的解释不足。约翰·弗里德曼（John Friedmann）提出的核心—边缘理论强调区域发展不均衡的必然性，核心区（如中心城市）通过控制资源、技术主导边缘区发展，为"先集聚后扩散"提供空间解释。保罗·克鲁格曼（Paul Krugman）提出的新经济地理学通过引入规模报酬递增和运输成本，解释了产业集聚与扩散的动态过程，提出"中心—外围"结构的自组织演化逻辑。协同效应理论（Haken，1977）从系统论角度提出"子系统协同产生整体效益大于部分之和"，强调要素匹配与机制耦合。诺思（Douglass C. North）提出的制度变迁理论指出区域协同需要突破制度壁垒，通过规则统一降低交易成本，如跨区域产权保护与市场准入机制。新区域主义理论关注"关系资产"（如信任、惯例）对区域协作的影响，提出"制度厚度"（Institutional Thickness）的概念，解释了长三角等地的协同优势。

2. 区域协同发展理论的核心模型

"三流协同运作"模型。通过控制以资本、劳动力、技术等传统要素的跨区配置（如北京科技人才向雄安新区流动）为主的要素流，以产业链上下游的空间重组（如北京研发—天津制造—河北配套的汽车产业布局）为主的产业流，以数据、知识等新型要素的共享（如京津冀环境监测数据互联）为主的信息流等"三流"的规模、速度与方向协调，实现区域经济系统熵减。

"四维"协同框架。建立空间协同、产业协同、制度协同和生态协同四个维度的协同框架,阐释区域协同发展的理念。通过优化国土空间开发格局(如京津冀"一核两翼"空间战略),实现地理和空间上协同规划;通过构建梯度分工与优势互补的产业链(如北京疏解非首都功能至河北),实现产业协同发展;通过建立统一市场规则与治理机制(如京津冀通关一体化改革),实现区域制度上的协同治理;通过建立跨域环境污染联防联控(如京津冀大气污染协同治理)机制,实现区域生态协同补偿机制。

动态演化模型。将区域协同发展分为极化阶段、扩散阶段和均衡阶段。在极化阶段,资金、技术、人才等要素向核心区高度集聚(如北京吸引全国创新资源);在扩散阶段,核心区外溢效应显现(如北京企业总部在天津、河北设立分支机构);在均衡阶段,多中心网络化格局形成(如长三角城市群的多核协同)。在区域协同发展的动态深化过程中,历史形成的产业布局(如河北重工业基础)可能阻碍协同发展,需通过制度创新(如生态补偿机制)重塑发展路径。

3. 区域协同发展理论的关键应用场景

区域协同发展理论具有广泛的应用场景,可以有效解决区域经济协同发展的诸多问题。一是破解行政分割。制度变迁理论要求,要实现区域间的协同发展和高效运转,必须建立超行政区权威机构(如京津冀协同发展领导小组)协调利益冲突。应用这一理论,长三角生态绿色一体化发展示范区通过"规划一张图、环保一把尺、市场一体化"打破了省际壁垒。二是产业梯度转移。新经济地理学证明,运输成本下降促使产业按照"微笑曲线"进行空间重组。应用这一理论,深圳将电子信息产业链中低端环节向东莞、惠州转移,自身聚焦芯片设计等高端环节。三是创新网络构建。新区域主义强调"创新生态系统"需要知识溢出与制度柔性化相结合。应用这一理论,粤港澳大湾区"广深港澳科技创新走廊"通过联合实验室、人才共享计划强化协同创新。

4. 区域协同发展理论的实践生命力

区域协同发展理论从解释"为何协同"转向指导"如何协同"，在我国具体实践中展现出三大转向。一是实现了从静态规划到动态演化转变，更加关注技术变革（如数字经济）引发的协同模式迭代。二是实现了从硬性连接到软性融合的转向，除基础设施联通外，重视规则、标准、文化的深度协同。三是实现了从增长导向到多维目标的转向，统筹经济效率、生态保护与社会公平的综合效益。区域协同发展理论为京津冀协同发展、粤港澳大湾区建设等国家战略提供了智力支持，但其成功应用的关键则在于结合具体情境创新理论工具——如在数据要素驱动下，传统"核心—边缘"结构可能被"多中心数字网络"取代，这要求理论本身与时俱进。

2.1.2 产业升级理论

产业升级理论旨在解释经济体或企业如何通过技术、组织、市场等维度的变革，实现从低附加值向高附加值环节跃迁的过程。随着全球化与数字技术的深度融合，产业升级理论不断拓展，形成了多学派交叉的研究体系。以下从演进脉络、核心框架、关键应用场景及发展创新等方面进行系统梳理。

1. 产业升级理论的演进脉络

产业升级理论的演进脉络可以分为经典理论、全球价值链学派、本土创新学派和数字经济时代的新发展四个部分。一是以产品生命周期理论（弗农和威尔斯）和比较优势动态化理论为主的经典理论，这两个重要理论是产业升级理论的基础。产品生命周期理论提出产业随技术成熟度从创新国向模仿国转移，解释了发达国家向发展中国家产业转移的逻辑，但未深入探讨升级路径；比较优势动态化理论强调通过技术学习与资本积累，将静态优势（如劳动力成本）转化为动态优势（如创新能力），推动产业升级。二是全球价值链（Global Value Chains，GVCs）学派，格瑞·格里芬（Gray Gereffi）提出升级四阶段论，明确了产业升级的路径：工艺升级（提升生产效率）→产品升级（开发新品类）→功能升级（进入高附加值环节如研发设计）→跨链升级（切换至高价值产业链）。约翰·汉弗莱（John Humphrey）和赫伯特·施密茨（Hubert Schmitz）等提出了价值链的治理模式与升级机会，通过区分价值链治理类型（市场型、模块型、关系型、俘获型、层级型）来实现产业升级，并指出在俘获型链中（如代工企业），工艺与产品升级易实现，但功能升级被链主压制。三是本土创新学派主要包括技术追赶理论和国家创新系统理论。技术追赶理论提出后发国家可通过路径跟随（模仿）、阶段跳跃（跳过中间技术）或路径创造（开辟新赛道）实现升级，如中国高铁技术的"引进—消化—创新"模式。国家创新系统理论强调政府、企业、科研机构协同构建创新生态，如韩国半导体产业政策驱动的升级。四是数字经济时代的新发展包括数字重构价值链理论和模块化升级理论。数字重构价值链理论指出，数字平台（如亚马逊、阿里巴巴）重塑全球价值链，中小企业可通过数据洞察直接触达消费者，绕过传统链主控制。模块化升级理论提出"模块化生产+数字接口"使企业专注于核心能力模块（如华为鸿蒙系统的生态协同），快速实现局部升级。

2. 产业升级理论的核心框架

产业升级理论的核心框架主要分为升级路径模型、动力机制分析和能力评价维度三个部分。一是升级路径模型。升级路径分为纵向升级、横向升级和混合升级。纵向升级是指同一产业链内向高附加值环节攀升（如富士康从组装向芯片封装延伸）；横向升级是指跨产业链拓展（如格力从空调制造进军智能装备领域）；混合升级是指纵向升级与横向升级相结合［如特斯拉在提升电池技术（纵向）的基础上拓展储能业务（横向）］。二是动力机制分析。通过研发投入突破技术瓶颈（如京东方面板技术迭代），充分发挥技术推动作用；通过消费需求升级倒逼产品创新（如中国新能源汽车市场推动电池技术升级），实现市场的有效拉动；通过政策引导（如中国"专精特新"企业培育计划）与标准制定（如 5G 技术标准竞争），发挥制度催化效能。三是能力评价维度。能力评价可以从以专利数量、研发投入强度、核心技术自主率为主要内容的技术能力，以品牌溢价率、全球市场份额、供应链话语权为主要内容的市场能力，以柔性生产系统、数字化管理效率、跨界协作网络为主要内容的组织能力三个维度实施能力评价，对产业升级的可行性进行有效的评估。

3. 产业升级理论的关键应用场景

产业升级理论主要用于指导传统制造业升级、新兴产业的发展与突破、数字经济赋能。在传统制造业升级方面，全球价值链理论指导企业从代工（OEM）向自主设计（ODM）与品牌（OBM）跃迁，如德国工业 4.0 通过信息物理系统实现生产智能化，推动机械制造向"制造+服务"转型（如西门子工业云平台）。在新兴产业的发展与突破方面，运用技术追赶理论中的路径创造策略，结合政策补贴与市场规模优势，促进中国光伏产业通过技术阶段跳跃（直接布局 PERC 电池技术）打破欧美垄断，全球市占率超 80%。在数字经济赋能方面，应用模块化升级理论支持企业聚焦数据算法模块，协同外部设计、物流资源，如犀牛智造利用数据驱动的柔性供应链，实现服装行业"小单快反"，缩短交货周期至 7 天。

4. 产业升级理论的发展创新

一是本土化理论实践取得新突破。"链长制"实践成效显著，地方政府担任重点产业链链长，协调上下游协同发展（如安徽集成电路产业链），结合全球价值链理论与制度创新理论，构建"双循环"升级路径，以内需市场为基点培育自主技术（如国产大飞机 C919），通过"一带一路"实现能力输出。二是数字化转型走出特色路径。"数实融合"模式形成,海尔卡奥斯平台连接15个行业生态,支持中小企业模块化升级(如服装企业仅需接入设计模块即可实现个性化定制);"新基建"赋能取得新进展,5G与算力基础设施建设加快布局(如"东数西算"工程),有效降低中西部企业数字化改造成本。

2.1.3 数字经济理论

在当今这个日新月异的时代,数字经济已经成为推动社会进步和经济发展的重要力量,它不仅改变着人们的生活方式,更深刻地影响着区域经济的发展和竞争格局。数字经济对区域经济发展的促进主要表现在以下几个方面:一是促进经济增长与结构优化。数字经济通过提高生产率、创新能力和市场份额等途径,显著提升区域经济增长,同时通过加速传统产业的转型升级,推动服务业与制造业的深度融合,优化区域经济的结构。二是促进资源优化配置,降低交易成本。在数字经济时代,信息传播速度大幅度提高,信息不对称问题得到有效缓解,资源配置更加合理。三是促进区域间合作与缩小发展差距。数字经济通过打破地域限制,有助于形成跨区域产业链和供应链体系,此外,数字经济还具有较强的示范效应和扩散效应,先进带动后进,促进区域经济均衡发展。

1. 数字经济的定义与特征

数字经济是一个内涵比较宽泛的概念,凡是直接或间接利用数据来引导资源发挥作用,推动生产力发展的经济形态都可以纳入其范畴。在技术层面,包括大数据、云计算、物联网、区块链、人工智能、5G通信等新兴技术;在应用层面,新零售、新制造都是其典型代表。数字经济是指通过大数据的识别、选择、过滤、存储、使用、引导并实现资源的快速优化配置与再生,实现经济高质量发展的经济形态,通常可以认为,数字经济就是"数字产业化+产业数字化",其目的是产业智能化。数字经济理论的核心要素是将数据作为新型生产要素,实现算法驱动的资源配置,以5G、人工智能、云计算、区块链等技术为支撑的数字化基础设施作为技术基础,完成经济范式从规模经济到范围经济,从线性增长到指数增长的转变。

数字经济理论是经典经济学理论的延伸。从熊彼特创新理论视角来看,数字化转型是"创造性破坏"的新阶段,数字技术可以有效地推动产业重组,促进产业的联动升级;从新增长理论视角来看,数据要素的边际成本递减与知识溢出效应直接相关;从交易成本理论来看,数字化降低信息不对称,可以有效地重塑企业边界。

2. 区域数字化转型的理论视角

首先,数字经济理论完善并补充了区域创新系统理论。数字技术重构区域创新网络,形成"数字创新生态系统";数字化削弱地理约束,但强化数字鸿沟,能有效实现空间重构。其次,数字经济理论完善并补充了区域竞争优势理论。数字经济的发展提升了数字能力的动态竞争优势,如数据资源禀赋、数字技能储备等。再次,数字经济理论发展并促进了产业集群数字化,实现了从传统集群到"数字—实体"混合集群的转变。最后,数字经济理论推动了制度与政策的完善和发展。形成了以数据确权、隐私保护与区域政策协同为主要内容的数字治理体系,促进政府的角色从"监管者"转向"生态构建者"。

3. 产业升级的数字经济理论

产业升级的数字经济理论是指以数字技术为核心驱动力,通过数据要素、平台经济、智能化生产等新型经济形态重构传统产业体系,推动产业向更高附加值、更高效率、更强创新力的方向升级的理论框架。数字经济不仅改变了传统产业结构升级的路径,还催生了全新的产业形态和商业模式。

数字经济的核心特征与理论基础。在产业升级过程中,数据作为新型生产要素（与土地、劳动力、资本、技术并列），凭借其非竞争性、可复制性和网络效应改变了传统生产函数。数据驱动的决策（如用户画像、供应链优化）提升了资源配置效率。人工智能（AI）、区块链、物联网（IoT）、云计算、5G等技术重塑产业逻辑。数字技术降低边际成本，使小众市场规模化，在数字技术的相互渗透与融合过程中促进产业的结构升级。平台经济的形成与生态化组织的建立，使连接供需双方（如电商、共享经济）创造价值变得更为直接和有效，企业从单一产品竞争转向构建数字生态（如苹果的"硬件+软件+服务"闭环），以完成产业生态的升级。

数字经济驱动产业升级的机制。工业互联网实现生产全流程数字化（如预测性维护、柔性生产），AI客服，算法推荐（如抖音、Netflix）提升服务精准度，智能制造与服务业智能化催生了生产效率的革命；全球价值链数字化与模块化分工，有效地推动并促进了产业链的重构；以整合全球智力资源为特征的开放式创新和以互联网企业"小步快跑"开发模式为特征的快速迭代，开启了新的创新模式；个性化定制和体验经济的兴起有力地加大了需求端的牵引力度。同时，数字经济驱动产业升级机制还存在着数字鸿沟、数据垄断与隐私、就业结构极化、监管滞后等挑战与争议。

数字经济的产业升级理论突破了传统理论的线性逻辑，强调技术、数据与生态的三维驱动。在技术维度上，数字技术渗透全产业链，催生指数级增长；在数据维度上，数据要素的流通与共享释放新生产力；在生态维度上，平台化、网络化的组织形态重构竞争规则。因此，政府需构建数字基础设施（如5G、算力网络）、完善数据产权制度、培育数字技能人才，并防范技术垄断与伦理风险。在数字经济时代，产业升级不仅是"产业结构的优化"，更是"经济范式的颠覆与重生"。

4. 企业数字化转型理论

企业数字化转型（Digital Transformation）是指企业通过整合数

字技术，重构业务流程、组织架构、客户体验和商业模式，以实现运营效率提升、价值创造和竞争力增强的系统性变革过程。企业数字化转型的核心理论框架包括技术驱动理论、价值链重构理论、组织变革理论、生态协同理论、客户中心理论。

企业数字化转型的四大核心要素包括数据资产化、流程智能化、业务场景化和组织敏捷化。利用数据中台、数据湖、BI（商业智能）等工具，将数据作为核心生产要素，通过采集、治理、分析实现价值挖掘（如用户画像、预测性维护），数据资产化；通过低代码开发、流程挖掘（Process Mining）等典型技术，利用自动化（RPA）、AI算法优化业务流程（如智能客服、自动化生产排程）实现流程智能化；通过聚焦具体业务场景（如智能仓储、远程运维），以点带面推动企业全面转型，如零售业的"线上线下一体化"、制造业的"数字孪生"等，实现业务场景化；通过构建敏捷团队、推行OKR（Objective Key Results）目标管理、鼓励创新试错文化等，实现组织敏捷化。

企业数字化转型依托数字化转型成熟度模型、双模IT架构（Bi-modal IT）、TOGAF（The Open Group Archite Cture Framework）企业架构框架和数字成熟度模型等，通过战略规划、技术基础建设、业务场景落地、组织与文化变革和持续迭代与优化等重要途径，实现企业全面数字化转型，并对数字化转型的程度和水平进行有效评估。同时，企业数字化转型过程中，存在技术碎片化、数据安全风险、组织惯性、人才短缺、投资回报率（Return on Investment，ROI）难以量化等问题与挑战，要求企业在数字化转型过程中，注重顶层设计，建立跨部门协同机制，坚持"小步快跑"，加强与技术供应商、研究机构联合创新合作，构建网络安全体系，合规使用数据，确保企业数字化转型为企业的良性发展起到强有力的推动作用。企业数字化转型不仅是技术升级，更是系统性变革，需要战略、技术、组织和生态的多维协同。其核心目标是构建"数据驱动、敏捷响应、生态共生"的新型企业形态，以应对快速变化的市场环境。

2.1.4 创新生态系统理论

创新生态系统是由多主体（企业、高校、政府、用户等）通过技术、资本、数据、知识等要素流动，形成协同演化、共同创造价值的网络化结构。该系统具有显著的跨组织边界协作，吸纳外部创新资源的开放性，参与者互利共赢，依赖彼此能力互补的共生性，技术、市场变化驱动系统持续演化的动态性和通过反馈机制调整策略以应对外部挑战的自适应性等特征。

1. 创新生态系统的核心理论

创新生态系统的核心理论包括生态系统理论、三螺旋模型、商业生态系统理论和平台生态系统理论等。生态系统理论强调创新价值由"核心企业+互补者"共同实现，需要协调生态内各环节的匹配性（如苹果与 App 开发者、芯片供应商的协同）。三螺旋模型强调政府、产业、大学三者的互动是创新生态的基础，通过政策支持、技术转化和人才培养推动创新。商业生态系统要求企业超越竞争思维，构建包含供应商、客户、合作伙伴的生态，共同演化（如亚马逊 AWS 生态）。平台生态系统理论要求平台企业通过 API、标准协议连接互补者，形成"核心平台+第三方服务"的创新网络（如安卓操作系统生态）。

2. 创新生态系统的结构要素及治理机制

创新生态系统由核心企业、互补者、用户和赋能者等主体构成。其中，核心企业主导生态规则和技术标准（如特斯拉在电动汽车生态中的角色）；互补者提供技术、服务或内容支持（如宁德时代为车企供应电池）；用户参与共创和反馈（如开源社区开发者）；政府、投资机构、科研院所等作为赋能者为构建创新生态系统提供政策、资金、技术基础等服务与保障。在整个创新生态系统中，数据流、技术流、资金流和知识流进行有效流动，为实现跨组织数据共享与隐私保护、专利交叉授权与开源技术扩散、风险投资与供应链金融、产学研合作与人才流动等提供系统支持。创新生态系统通过规则设计实现利益分配和知识产权管理；通过区块链技术保障数据可信性，建立可靠的信任机制；通过平衡生态内竞争与合作，完成系统内冲突的协调。

3. 创新生态系统的运作机制

创新生态系统的运行机制主要包括价值共创、技术扩散与迭代和动态深化路径。通过让用户参与产品设计（如小米 MIUI 社区）、互补者提供增值服务（如微信小程序开发者）实现生态系统的价值共创；通过加速开源技术创新和降低平台 API 开发门槛实现技术的快速扩散与迭代。创新生态系统的动态深化路径一般分为形成期、扩展期、成熟期和变革期四个阶段。在形成期阶段，核心企业定义技术标准，吸引早期参与者；在扩展期阶段，生态规模扩大，互补者逐渐多元化；在成熟期阶段，主导设计出现，竞争转向生态间的对抗；在变革期阶段，技术颠覆或政策变化引发生态重构（如燃油车向电动车转型）。创新生态系统在运行和完善过程中，会面临生态内主体目标不一致、过度依赖核心企业技术标准、政策合规风险等挑战。因此，要应对创新生态系统的挑战，企业必须不断优化模块化设计水平，通过接口标准化降低耦合度（如 USB 协议）；建立开源社区或联盟，不断提高开放创新水平；采用智能合约、去中心化自治组织（Decentralized Autonomous Organization，DAO）提升透明度，实现动态治理的实时互动。

4. 创新生态系统的发展趋势

创新生态系统理论揭示了现代创新的网络化、协同化本质，其成功依赖于生态内资源共享、规则共建与价值共赢。企业需从"单打独斗"转向"生态思维"，通过开放合作捕捉技术融合与跨界创新的机会，并在动态演化中平衡控制权与灵活性，以实现可持续竞争优势。创新生态系统未来的发展趋势主要集中在数字化技术赋能、可持续发展导向、全球化与本地化平衡和人机协同创新等方面。AI、区块链、数字孪生技术提升生态协同效率，新能源、循环经济技术的跨行业整合进一步推进绿色创新生态的发展，区域化生态崛起促使创新生态系统进一步实现全球化与本土化的平衡，生成式 AI 成为生态中的"新参与者"，将大大地提升辅助研发效率和决策水平。

2.1.5 制度变迁理论

制度变迁理论（Institution Change Theory）于 20 世纪 70 年代前后提出，旨在解释经济增长的研究受到长期经济史研究的巨大推动，最终把制度因素纳入解释经济增长中来。制度变迁理论是经济学意义上的制度，"是一系列被制定出来的规则、服从程序和道德、伦理的行为规范"，诺思称其为"制度安排"。制度安排指的是支配经济单位之间可能合作与竞争方式的一种安排，旨在提供一种使其成员的合作获得一些在结构外不可能获得的追加收入，或提供一种能影响法律或产权变迁的机制，以改变个人或团体可以合法竞争的方式。

1. 制度变迁理论的内涵与核心观点

制度变迁理论探讨的是社会规则（如法律、习俗、产权）如何随时间演变及其对经济和社会的影响。制度是约束和引导行为的框架，包括正式制度（法律、合同）和非正式制度（习俗、文化）。道格拉斯·C. 诺思是该理论的核心人物，强调制度变迁的路径依赖和交易成本。制度变迁理论的核心观点包括路径依赖、交易成本、主体与动机和意识形态与认知。具体而言，历史选择影响未来，制度可能因惯性维持低效状态；制度旨在降低交易成本，当成本过高时推动变迁；组织或个人基于利益驱动推动变革；信念和价值观影响制度选择。

2. 制度变迁的原则

制度可以被视为一种公共产品，它是由个人或组织生产出来的，是制度的供给。由于人们的有限理性和资源的稀缺性，制度的供给是有限的、稀缺的。随着外界环境的变化或自身理性程度的提高，人们会不断提出对新的制度的需求，以实现预期增加的收益。当制度的供给和需求基本均衡时，制度是稳定的；当现存制度不能使人们的需求得到满足时，就会发生制度的变迁。制度变迁的成本与收益之比对于促进或推迟制度变迁起着关键作用，只有在预期收益大于预期成本的情况下，行为主体才会去推动直至最终实现制度的变迁，反之亦然。推动制度变迁的力量主要有两种，即"第一行动集团"和"第二行动集团"，两者都是决策主体。制度变迁的一般过程可以分为以下五个步骤：第一，形成推动制度变迁的第一行动集团，即对制度变迁起主要作用的集团；第二，提出有关制度变迁的主要方案；第三，根据制度变迁的原则对方案进行评估和选择；第四，形成推动制度变迁的第二行动集团，即起次要作用的集团；第五，两个集团共同努力去实现制度变迁。

3. 制度变迁的类型模式与动因分析

制度变迁的类型分为诱致性变迁和强制性变迁；制度变迁的模式分为渐进式变迁和剧烈式变迁。诱致性变迁是指自下而上，响应获利机会，所谓"自下而上"的制度变迁，是指由个人或一群人，受新制度获利机会的引诱，自发倡导、组织和实现的制度变迁。强制性变迁是指由政府主导，自上而下推动的制度变迁，所谓"自上而下"的制度变迁，是指由政府充当第一行动集团，以政府命令和法律形式引入和实行的制度变迁。推动制度变迁的因素主要有三个方面。一是由价格变化和技术变革引发的经济因素；二是由利益集团角力为特征的政治因素；三是由以观念变迁为代表的文化与意识形态变化。然而，制度变迁存在锁定效应和特定的路径突破条件，低效制度因既得利益或高变革成本停滞，因此要实现路径的突破需要外部冲击或内部共识。

4. 制度变迁的制度依赖问题

路径依赖类似于物理学中的"惯性"，一旦进入某一路径，无论是好的还是坏的，都可能对这种路径产生依赖。诺思将前人关于技术演变过程中的自我强化现象的论证推广到制度变迁方面，提出了制度变迁的路径依赖理论。路径依赖理论认为"历史确实是起作用的，人们今天的各种决定、各种选择实际上受到历史因素的影响"。制度变迁过程与技术变迁过程一样，存在着报酬递增和自我强化的机制。这种机制使制度变迁一旦走上了某一路径，它的既定方向会在以后的发展过程中得到自我强化。所以，人们过去作出的选择决定了他们现在可能的选择。沿着既定的路径，经济和政治制度的变迁可能进入良性的循环轨道，迅速优化；也可能顺着错误的路径往下滑，甚至被"锁定"在某种无效率的状态而导致停滞。

制度变迁理论认为，决定制度变迁路径的力量来自两个方面：不完全市场和报酬递增。就前者而言，由于市场的复杂性和信息的不对称性，制度变迁不可能总是完全按照初始设计的方向演进，往往一个偶然的事件就可能改变方向。就后者而言，人的行为是以利益最大化为导向的，制度给人们带来的报酬递增决定了制度变迁的方向。在一个不存在不完全市场和报酬递增的世界，制度是无关紧要的；但如果存在不完全市场和报酬递增时，制度则是重要的，自我强化机制就会起到作用。制度变迁的自我强化机制有四种表现：第一，成本效应。设计一项制度需要大量的初始设置成本，而随着这项制度的推行，单位成本和追加成本会逐渐下降。第二，学习效应。通过学习和掌握制度规则，如果有助于降低变迁成本或提高预期收益，则会促进新制度的产生和被人们接受。制度变迁的速度是学习速度的函数，但变迁的方向却取决于不同知识的预期回报率。第三，协调效应。通过适应制度而产生的组织与其他组织缔约，以及具有互利性的组织的产生与对制度的进一步投资,以实现协调效应。第四,适应性预期。当制度给人们带来利好时,人们便会对其产生强烈且普遍的适应预期或认同心理,从而使制度进一步处于支配地位。随着以特定制度为基础的契约盛行,将减少这项制度无法持久的不确定性。

总之,路径依赖对制度变迁具有极强的制约作用,并且是影响经济增长的关键因素。如果路径选择正确,制度变迁就会沿着预定的方向快速推进,并能够极大地调动人们的积极性,充分利用现有资源来从事收益最大化的活动,促进市场发展和经济增长,同时反过来成为推动制度进一步变迁的重要力量,双方呈现出互为因果、互相促进的良性循环局面。如果路径选择不正确,制度变迁不能给人们带来普遍的收益递增,而是有利于少数特权阶层,那么这种制度变迁不仅得不到支持,还可能加剧不公平竞争,导致市场秩序混乱和经济衰退,这种"锁定"局面一旦出现则很难扭转。因此,制度变迁理论的优化与发展必须不断解决"路径依赖"问题。制度变迁理论提供了解释社会动态的重要视角,强调历史、利益与认知的交互作用。在实际应用中需结合具体情境,平衡经济、政治与文化因素,理解变迁的复杂性与多样性。

综上所述,现有理论为京津冀数字化转型提供了"区域协同+产业升级+技术创新"的分析框架,但需要结合中国制度情境深化研究。文献表明,未来需重点突破数字技术赋能产业联动的微观机制、跨行政区政策协同工具设计等难点,并关注数字转型中的社会公平与风险管控问题。

2.2 文献综述

2.2.1 数字化转型的相关研究

数字化的概念起源于传统媒体行业受到互联网冲击后为实现

"数字化生存"进行的一系列探索。而在制造业领域,数字化最早主要来源于数字控制技术,即以控制为中心的数字化制造。1952年美国麻省理工学院首先实现了三坐标铣床的数控化,1963年美国出现了计算机辅助设计的商品化绘图设备,20世纪80年代中期,美国出现了计算机集成制造系统。80年代末期至今,CAD/CAM一体化三维软件大量出现,并应用于机械、航空航天、汽车、造船等领域。随着各种数字化相关技术、产品不断推陈出新,对制造业的影响越发深远,制造业数字化概念逐渐清晰起来。艾娜·M.塞巴斯蒂安等认为,数字化转型应该包含由数字技术引发的不同技术的组合对制造业企业工作方式、组织方式以及整体业务模式等方面的改变[①]。

1. 企业数字化转型的影响因素

一部分学者从内外部资源、数字技术整合能力、业务模式与流程改造模式等层面梳理了企业如何主动迎合数字化转型机遇的影响因素。企业在进行数字化转型时需要应对各种挑战,如技术创新、组织结构优化、新文化引入等。此外,高度动态的商业环境不仅使得企业主动寻求数字化的机遇,还要求企业对不断变化的业务规则做出反应。

2. 关于数字化转型对企业绩效的影响效应

恩旺帕和洛曼尼基于资源基础观理论指出,数字化转型对创新和企业绩效具有积极的影响。海伦·劳申勃伯(Helen N. Rothberg)和司各特·爱理克森(C. Scott Erickson)以大数据应用、智能化和网络化为特征的数字化转型,为社会与经济发展带来了颠覆性的变化和前所未有的机遇与挑战。例如,大数据应用促使组织结构呈现扁平化发展,提升组织运行管理效率;大数据可以引领企

---

① Sebastian I M, Ross J W, K G Moloney. How Big old Companies Navigate Digital Transformation [J]. MIS Quarterly Executive: A Research Journal Dedicated to Improving Practice, 2017, 16 (3): 197–213.

业财务会计工作管理智能化，并加强对财务风险的预测。

3. 关于企业数字化转型能力评价

凯里安（Kieran）指出数字化能力是衡量公司从互联网中获得商业价值的潜力。为此，部分学者通过构建指标来分析企业的数字化应用水平，或者通过对比数字化转型前后的企业绩效水平变化来分析其数字化转型能力。

2.2.2 数字化转型推动产业升级的相关研究

1. 产业升级的相关研究

目前，国内外学者对产业联动升级的研究主要包括以下内容。一是产业升级的影响及路径。许莉等[①]（2020）基于全球价值链的视角，从市场、产业基础、技术、贸易四个方面，对江苏装备制造业转型升级的影响和转型路径进行了研究；王兴棠[②]（2021）通过构建寡头博弈模型，发现处于产业链下游的企业，实现转型升级所需掌握的核心技术水平受到最终产品市场类型、最终产品相对质量以及最终产品差异化程度多种因素的影响。二是产业升级效率测度。Chen等[③]（2019）将前景理论与DEA模型相结合，对长三角制造业转型升级的效率进行了评价；施永[④]（2018）通过构建转型升级系数模型对江西省1995—2017年的产业联动升级水平进行了测度；高

---

① 许莉. 全球价值链视角下江苏装备制造业转型升级的路径选择 [J]. 全国商情·理论研究，2020（25）：120-122.

② 王兴棠. 产业链下游企业转型升级影响因素研究：基于不同最终产品的视角 [J]. 中国管理科学家，2021（3）：71-79.

③ Chen Yubing, Wen MeLin, Wang Fei. A New uncertain PEA model for evaluation of Scientific research [J]. Journal of Intelligent & fuzzy systems：Application in Engineering and Technology，2019，37（4）：5633-5640.

④ 施永. 江西省产业转型升级测度及其影响因素的实证分析 [J]. 老区建设，2018（12）：47-51.

华兵[①]等（2020）运用转型升级指数、Lilien 指数法、产业的超前系数法对江西各地市 2001—2019 年产业联动升级的水平、速度以及方向进行了多角度定量测度。

2. 数字经济驱动产业升级的相关研究

当前，国内外与数字经济和产业升级相关的研究主要是从数字经济与产业升级之间的关系、数字化驱动产业升级的作用机制、数字化驱动产业升级的异质性三个角度进行的。

（1）数字经济与产业升级之间的关系

国内外学者采用不同的研究方法验证了数字化及其所包含的各项数字技术对制造业升级具有驱动作用。最初，部分学者从两者之间的关联程度入手，发现了其相关关系。朱春红[②]（2005）利用矩阵模型证明，信息化产业与产业结构升级存在很强的关联性。李成柱（Sungjoo Lee）等[③]（2009）通过测度产业关联度发现，数字化是产业结构升级的催化剂。此后，部分学者通过实证以及理论分析，就数字经济对制造业升级的驱动效应进行了验证。詹姆斯·马尼卡（James Manyika）研究发现，数字经济对制造业转型升级具有显著的推动作用[④]。理查德·沃克（Richard Walkers）[⑤]认为物联网技术的

---

① 高华兵，施永，刘晓英. 江西省各地市产业转型升级水平测度的对比分析［J］. 对外经贸，2020（11）：68-72.

② 朱春红. 信息产业发展与产业结构升级的关联性研究［J］. 经济与管理研究，2005（9）：67-69.

③ Sungjoo Lee, Moon-Soo Kim, Park Y. ICT Co-evolution and Korean ICT Strategy：An Analysis Based on Patent Data［J］. Telecommunications Policy，2009，33（5）：253-271.

④ James Manyika, Roxburgh C. The Great Transformer：The Impact of the Internet on Economic Growth and Prosperity［EB/OL］.［2023-12-16］. http://www.mckinsey.com/industries/technology-media-and-telecommunications/our-insights/the-great-trans former，2011.

⑤ Richard Walkers. Poor Internet Blocks African innovative Genius［J］. African Business，2014，410：25-28.

快速发展成功推进了制造业的转型升级。王林生①（2016）认为以"互联网+"为代表的新一轮信息技术变革已经成为社会经济发展最基础的生产力，能够提升制造业的竞争力，并推动产业发展方式的升级。肖旭等②（2019）基于价值维度理论，验证了数字经济对产业结构优化升级的推动作用。

因此，数字化对制造业升级的驱动作用毋庸置疑，但随着研究的不断深入，部分学者发现，数字经济与产业升级之间会因为数字信息技术水平的不同而存在非线性关系。谭清美等③（2016）借助高斯混合模型（A Gaussian Mixture Model，GMM）对信息化与制造业升级之间的关系进行了验证，发现两者之间呈现出倒U形关系，在风险拐点之前，信息化对制造业升级表现为正向作用，但拐点之后正向作用不断下降。孔原等④（2021）选取江苏省数据对信息产业发展水平和产业升级之间的关系进行了探究，同样发现两者之间存在倒U形关系，跨过拐点之后促进作用会逐渐弱化。陈晓东等⑤（2021）构建了灰色关联熵模型，发现了数字经济对产业结构的促进作用，但不同信息技术水平下这种促进作用的效果存在着差异，只有当信息化水平发展到一定程度才能够更好地发挥其推动作用。梁垚⑥（2021）运用了固定效应模型探究了数字化发展水平对陕西省产业结构升级的影响，并基于研究结果提出了政策建议。朱

---

① 王林生. "互联网+"理念的时代语境及内涵特征［J］. 深圳大学学报（人文社会科学版），2016，33（5）：36-41，154.

② 肖旭，戚聿东. 产业数字化转型的价值维度与理论逻辑［J］. 改革，2019（8）：61-70.

③ 谭清美，陈静. 信息化对制造业升级的影响机制研究：中国城市面板数据分析［J］. 科技进步与对策，2016，33（20）：55-62.

④ 孔原，刘览. 信息技术产业促进制造业转型升级的影响机制研究：以江苏省13个地市为例［J］. 经济界，2021（4）：3-12.

⑤ 陈晓东，杨晓霞. 数字经济发展对产业结构升级的影响：基于灰关联熵与耗散结构理论的研究［J］. 改革，2021（3）：26-39.

⑥ 梁垚. 数字化发展水平对陕西省产业结构升级的影响研究［J］. 现代商贸工业，2021（17）：12-13.

文博浩等①（2021）指出疫情的冲击使中国经济向数字化经济加速，为产业升级和发展提供了重要时机，并以粤港澳大湾区传统产业为例，分析了产业升级的路径与方向。部分学者探索了信息化、数字化促进佛山市传统产业升级和实现路径。此外，部分学者探究了数字化与产业转型之间的关系，这些研究大多都是基于定性角度的研究，对于数字化影响产业升级的量化研究还需要进一步完善。

（2）数字化驱动产业升级的作用机制

关于数字经济驱动制造业升级的作用机制，当前学术界认为数字经济可以通过优化企业资源配置能力、提升企业技术创新能力、催生产业模式变革等方式推动制造业升级。首先，从企业资源配置能力来看，先进的信息技术能够推动行业间的信息交流和知识共享，从而实现产业升级（刘吉超等②，2013）。完善的基础设施建设可以促进产业内生产要素的相互协调水平，这也是实现产业升级的第一要素（郄恩崇等③，2013）。数字基础设施的出现变革了企业传统的信息采集、数据传输、生产执行等过程。这不仅使得数据逐渐成为企业生产的核心要素，也让企业之间的数据交流更加便利（何大安④，2018）。由数字经济引发的这场技术变革，改变了企业的协作方式，带来了技术红利，使得企业之间的资源配置能力得到提升，提高关键生产要素的使用效率，实现了经济发展质量的提升（荆文君等⑤）。数字经济打破了传统交易的时空限制，让企业能够在更大

---

① 朱文博浩，李晓峰，孙波. 后疫情时代数字化促进粤港澳大湾区传统产业升级研究 [J]. 国际贸易，2021（3）：52-59.

② 刘吉超，李钢. 信息化的挑战、机遇与中国制造业的应对之路 [J]. 经济研究参考，2014（33）：13-20.

③ 郄恩崇，徐智鹏，张丹. 中国基础设施投资的全要素生产率效应研究 [J]. 统计与决策，2013（23）：137-140.

④ 何大安. 互联网应用扩张与微观经济学基础：基于未来"数据与数据对话"的理论解说 [J]. 经济研究，2018，53（8）：177-192.

⑤ 荆文君，孙宝文. 数字经济促进经济高质量发展：一个理论分析框架 [J]. 经济学家，2019（2）：66-73.

的范围内进行资源配置，极大地推动了制造业的升级。其次，从提升企业技术创新能力来看，数字经济作为一种创新型经济形式，其发展能够带来制造业企业的管理创新和制度创新，并由此创新制造业企业的运作模式，实现产业升级。蔡延泽等①（2021）在研究中发现，数字经济能够调节创新环境，从而推动制造业升级。数字经济可以调动客户参与制造业生产的积极性，让客户参与到产品创新中，以提升制造业企业的创新能力（赖红波②，2019）。在创新经济学层面，互联网在制造业研发部门的广泛应用可以加速企业的内在技术创新。广泛应用数字技术，能够让企业在先进技术的构建过程中以较低的成本实现知识和信息的快速渗透（Bloom Nicholas，et al.③，2014），有效缩短技术研发团队之间的交流时间和协作成本（Forman等④，2012），企业的学习效应得以加速形成并释放，让企业的技术资源能够进行横向和纵向的双向拓展（王文娜等⑤，2019）。同时，企业也因此加速了自身的技术创新进程，推动产业升级。最后，从催生产业模式变革来看，部分学者认为数字经济能够通过催生产业模式变革推动制造业升级。《中国数字经济发展与就业白皮书（2019）》将数字经济对制造业的影响分为数字产业化和产业数字化两大部分。在数字产业化层面，电信产业的蓬勃发展刺激了物联网、工业互联网众多场景的出现，促使实体经济转型（齐亚磊等⑥，

---

① 蔡延泽，龚新蜀，靳媚. 数字经济、创新环境与制造业转型升级[J]. 统计与决策，2021，37（17）：20-24.

② 赖红波. 传统制造产业融合创新与新兴制造转型升级研究：设计、互联网与制造业"三业"融合视角[J]. 科技进步与对策，2019，36（8）：68-74.

③ Bloom Nicholas, Garicano Luis, Sadun Raffaella, et al. The Distinct Effects of Information Technology and Communication Technology on Firm Organization [J]. Management Science, 2014, 60 (12): 2859-2885.

④ Forman C, Zeebroeck N V. From Wires to Partners: How the Internet has Fostered R&D Collaborations within Firms [J]. Management Science, 2012, 58 (8): 1549-1568.

⑤ 王文娜，刘戒骄，张祝恺. 研发互联网化、融资约束与制造业企业技术创新[J]. 经济管理，2020，42（9）：127-143.

⑥ 齐亚磊，罗文春. 中国制造业高质量发展的内在逻辑与发展路径探究：以数字化变革为视角[J]. 中国发展，2019，19（3）：33-36.

2019），借助于工业互联网、数字平台、传感器等数字技术，传统生产模式中相互独立的设备被连接在一起，生产方式向着智能化转变，大数据等先进技术更是渗透到了制造业生产的各个环节，为产业优化提供了支撑（宋歌①，2019）。在产业数字化层面，信息技术等活跃度较高的数字技术不断与制造业融合，推动制造业生产向数字化、网络化模式转变，不断培育新的产业动能，颠覆以往的研发、生产等要素，最终实现产业升级（洪佳②，2020）。

2.2.3 协同理论的相关研究

京津冀协同发展所涉及的构成要素较多，不同要素间存在着多种联系，要实现区域数字化转型与产业联动升级的协同推进，需要利用协同理论对各要素进行综合分析。协同理论在国外应用较早且被用于不同领域，形成了较为完整的体系，能够对不同系统进行分析。

1. 整体效应决定的国外协同理论研究

协同理论研究开始于1974年，国外对协同理论的研究相对较多且分布在不同领域。詹姆斯·博曼（James Bowman）和威廉·雷吉（Reggie Williams）认为协同是在多元主体背景下，赋予每个公民平等的权利，基本原则之一是平等。菲力浦（Philippe）认为协同理论是用来确定处于某个时期社会群体的最佳协作模式及各模式之间的关系，并探寻处理这些关系的有效方式。丹尼尔·希利斯（W. Daniel Hillis）③利用仿真演化系统对寄生虫进行分析，认为系

---

① 宋歌. 数字经济时代加快传统制造业转型升级研究［J］. 产业创新研究，2019（12）：116-118.

② 洪佳. 数字经济对珠三角制造业升级的影响研究［D］. 广州：广东外语外贸大学，2020.

③ W. Daniel Hillis. Co-evolving Parasites Improve Simulated Evolution as an Optimization Procedure［J］. Physica D：Nonlinear Phenomena，1990，42（1-3）：228-234.

统各要素协同能够提高物种进化效率。萨谬尔·鲍尔斯（Samuel Bowles）[①] 和阿斯特里德·霍普芬兹（Astrid Hopfensitz）在对个体与组织之间协同关系进行分析时，认为只有对不同个体协同研究，使组织的整体效应大于单个个体综合，才能促进整体的快速发展。石希正行（Masayuki Ishinishi）和生畑目明（Akira Namatame）[②] 在对市场演进中不同行为主体竞争关系进行分析时，提出不同主体竞争能够促进市场协同进化，实现企业创新，提高企业竞争能力。罗伯特提出事物之间均由网络构成，必须充分保证协同理论中的网络关系结构，实现其有序性。Peter 等[③] 提出任何事物都由多元主体构成，主体之间的协同互动既能维护网络关系结构又能实现多元主体互动，保证多元主体之间效益最大化。

2. 空间要素融合的国内协同理论研究

我国学者对协同理论的研究开始于 20 世纪 80 年代，在 2005 年以后得到快速发展，主要集中在区域及产业发展、社会及企业管理、区域经济和信息管理、发展路径等方面，具体可分为系统协同要素、空间协同规划和社会及区域协同发展等，主要是对空间各要素融合的系统协同性进行研究。

（1）系统协同要素

在对系统协同要素的研究中，普遍认为每个事物都是一个完整的系统，必须实现不同层次、环节、要素的协同。防灾避难场所作为复杂系统，也由不同层次、环节、要素等构成，必须实现各要素的协同。

[①] Samuel Bowles, Jung-Kyoo Choi, Astrid Hopfensitz. The Co-evolution of Individual Behaviors and Social Institutions [J]. Journal of Theoretical Biology, 2003, 223（2）：135-147.

[②] Masayuki Ishinishi, Akira Namatame. Co-Evolution in a Competitive Market [C].// Computing in Economics and Finance：Fifth International Conference of the Society for Computational Economics, 1999：114-123.

[③] Peter Smith Ring, Andrew H. van de Ven. Development Processes of Cooperative Inter-organizational Relationships [J]. Academy of Management Review, 1994（19）：234-239.

邱世明[①]借鉴生物系统的协同进化现象，构建了"个体—群体—系统"的协同进化层次模型，从不同层面进行综合研究。刘晓燕[②]认为基础设施利益主体较多，为保证系统高效运行，必须提高主体应急协同能力，实现多主体、多层级、多环节及多层面的有效协同。吴春梅提出网络、协作、整合是协同治理的关键变量，其过程有序性、结构有效性及多元主体合作能够促进各要素显性因素表达、优化其网络结构，提高整体效应的发挥能力。黄浪等[③]构建了"流"视域下的系统安全协同理论模型，提出物质流、信息流、能量流及行为流协同分析思路，通过自然科学和社会科学路径实现"四流"协同。

（2）空间协同规划

在空间协同规划的研究中，多数学者较为关注同一规划区内不同主体、阶段、要素间的协同，从不同方面促进合理布局。陈为邦等[④]提出规划协同理论，认为多维度、系统性协调是达到和谐共生、利益最大化的前提，通过各要素协同，实现其在时间、空间和功能方面的有序性。祝春敏等[⑤]提出要实现规划协同必须加强其系统性、动态性和协调性，使系统内部各要素纵向、横向协调，并实现各方利益协调。安超[⑥]根据协同理论思想，在园林城市建设中，根据各要素之间的协同作用，构建政府各部门间的横向协同管理体系、不同等级政府部门之间的纵向联络体系和政府与其他不同主体间的协同体系，实现从目标制定、任务执行到跟踪反馈的全过程协同监管。

---

① 邱世明. 复杂适应系统协同理论、方法与应用研究［D］. 天津：天津大学, 2002.

② 刘晓燕. 能源应急多主体协同机制及协同效应研究［D］. 北京：中国矿业大学, 2005.

③ 黄浪, 吴超, 王秉. "流"视域下的系统安全协同理论模型构建［J］. 中国安全科学学报, 2019（5）：50-55.

④ 陈为邦. 制度创新背景下的城市规划［J］. 城市规划, 2007（11）：47-51.

⑤ 祝春敏, 张衔春, 单卓然, 等. 新时期我国协同规划的理论体系构建［J］. 规划师, 2013, 29（12）：5-11.

⑥ 安超. 协同理论视角下地级市园林城市建设研究：以呼和浩特市为例［D］. 呼和浩特：内蒙古大学, 2016.

王毅[①]从区域、产业及文化等方面提出特色小镇协同发展路径。孟祖凯等[②]从自组织与他组织两个方面构建特色小镇空间组织样式,提出特色小镇空间协同演化机制,解释特色小镇起源、归因及协同演化路径。段倩倩等[③]在对储备库选址进行研究时,提出综合考虑多阶段、多主体和跨区域目标体系,确保综合协同要素布局。汪亮等[④]以协同框架为基础,将特色小镇建设中不同层面的问题纳入规划系统,对各要素协同进行分析,充分发挥不同规划要素的互补及优势,强调规划方案整体效益的最大化。

(3) 社会及区域协同发展

部分学者认为要加快区域经济发展必须冲破行政藩篱,加强不同主体的纵向、横向联系,形成网络式布局,将所有区域作为整体,降低行政界线造成的人为分隔,形成网络式布局,缩小区域差异。黎鹏[⑤]认为要实现区域经济发展必须冲破行政区经济发展模式,向经济区发展模式转变。马广琳等[⑥]认为在区域合作中,必须冲破行政藩篱,重视中心城市等具有极强辐射能力的"点"及由交通干线等形成的"轴",并将其连接起来形成"点轴体系"。杨志军[⑦]从多中心协同角度出发,认为要实现效益最大化必须建立横向、纵向及纵横

[①] 王毅. 协同理论视域下特色小镇建设思考:以山西省杏花村镇为例[A]. 2017年中国地理学会经济地理专业委员会学术年会论文摘要集[C]. 2017:57.

[②] 孟祖凯,崔大树. 企业衍生、协同演化与特色小镇空间组织模式构建:基于杭州互联网小镇的案例分析[J]. 现代城市研究,2018(4):73-81.

[③] 段倩倩,白鹏飞,张小咏,等. 协同视角下多级救灾物资储备体系中的储备库选址模型[J]. 数学的实践与认识,2018(21):141-148.

[④] 汪亮,王珺. 基于协同框架构建的特色小镇规划设计:以广西钦州陆屋机电小镇为例[J]. 现代城市研究,2019(5):43-48.

[⑤] 黎鹏. 区域经济协同发展研究[M]. 北京:经济管理出版社,2003.

[⑥] 马广琳,刘俊昌. 中国区域经济协同发展中存在的问题及对策研究[J]. 经济问题探讨,2005(5):25-27.

[⑦] 杨志军. 多中心协同治理模式研究:基于三项内容的考察[J]. 中共南京市委党校学报,2010(3):42-49.

向相结合的协同网络体系。胡静[①]认为只要在同一目标下,在同一统一体内都可以实现协同发展。杨清华[②]提出协同能够保证"政府、社会及个人"三位一体的协同互动合作,充分发挥系统构成中整体效能大于局部的优势,实现社会治理最大化。刘英基在对区域经济发展的分析中,对地区不同要素协同考虑,根据各要素协同发展的复杂适应性系统特征,将区域协同发展作为实现地区经济发展重要方式,实现地区经济发展方式转变。王金杰等[③]提出区域合作中应最大限度释放"协同效应",建立不同利益主体之间的协调和补偿机制,促进不同区域之间协同合作,保证地区之间优势互补与合作共赢,实现区域经济发展由松散型合作向机制化协同转变。苟兴朝等[④]认为经济活动的集聚性和地域性,使各地区之间存在着不同的分工,同时各地区之间也需要进行紧密合作,根据其不同经济特征,促进各区域协调发展,实现整体经济协调发展。王智勇等[⑤]提出城市密集区产业、交通、生态和空间协同是推进城市群发展的重要举措。刘宁[⑥]提出要实现区域协同发展,必须实现交通、产业、行政、环境等协调。

---

① 胡静. 湖北西部地区区域发展战略与路径研:旅游引领 区域协同[D]. 武汉:华中农业大学, 2010.

② 杨清华. 协同治理与公民参与的逻辑同构与实现理路[J]. 北京工业大学学报(社会科学版), 2011(2): 46-50.

③ 王金杰, 周立群. 新常态下区域协同发展的取向和路径:以京津冀的探索和实践为例[J]. 江海学刊, 2015(4): 73-79, 238.

④ 苟兴朝, 杨继瑞. 从"区域均衡"到"区域协同":马克思主义区域经济发展思想的传承与创新[J]. 西昌学院学报(社会科学版), 2018(3): 17-22.

⑤ 王智勇, 杨体星, 刘合林, 等. 城市密集区空间协同发展策略研究:以武汉城市圈为例[J]. 规划师, 2018(4): 20-26.

⑥ 刘宁. 京津冀协同发展与城市型行政区相关问题探讨[J]. 经济师, 2019(12): 10-11, 14.

3. 京津冀协同发展的相关研究

孙铁山等[①]（2021）运用京津冀三地的产业梯度系数对产业比较优势进行测量，并给出区域产业分布和联动机制。李梅等依据系统理论和协同理论，构建了京津冀科技资源配置系统分析框架，并在空间优化、成果市场化、服务联动和环境协同等方面提出了对策建议。于强[②]（2021）从区位熵的视角，对北京制造业向天津、河北转移的先行行业进行选择。杜勇宏等[③]（2021）基于研发枢纽—网络对京津冀协同创新的效果进行分析，并提出了完善生产性附域和商贸服务附域的对策建议。这些研究都是从单一角度对京津冀协同发展进行探究，按照协同理论，将数字化转型和产业联动放在一个系统中研究京津冀协同发展问题尚需进一步探讨。

2.3 相关研究评述

通过以上文献综述可见，关于数字化转型的内涵及效率的研究已初具规模，关于产业升级路径、测度及其影响等研究成果较为丰富，关于数字化转型与产业联动升级相关研究得到逐步拓展，为后续深层次的相关研究奠定了基础。当前研究多围绕数字化、数字化转型、数字经济与产业全球价值链以及供应链进行，主要有以下观点：第一，数字经济能够促进产业价值链升级，提高其在国际分工中的地位。第二，数字化转型能够促进数字经济的快速发展，促进

[①] 孙铁山，席强敏. 京津冀制造业区域协同发展特征与策略［J］. 河北学刊，2021（41）：165-172.
[②] 于强. 京津冀协同发展背景下北京制造业的产业转移：基于区位熵视角［J］. 中国流通经济，2021，35（1）：70-78.
[③] 杜勇宏，王汝芳. 基于研发枢纽—网络的京津冀协同创新效果分析［J］. 中国流通经济，2021，35（5）：85-97.

价值链升级的作用效果在不同行业和不同地区存在异质性。第三，数字经济能够促进产业链供应链资源整合、组织整合，提高供应链管理效率。但从京津冀区域视角剖析上述问题的相关研究鲜见，主要包括：一是京津冀区域层面的产业数字化转型的研究需要扩展。二是京津冀区域层面的产业联动升级方面的研究需要完善。三是京津冀区域数字化转型与产业联动升级的协同机理及其实现机制有待揭示。四是京津冀区域数字化转型与产业联动升级的实现路径需要进一步探索与细化。

第3章 京津冀区域数字化转型与产业联动升级解析

京津冀协同发展在中国经济社会发展中具有重要的战略意义，也是中国实施新型城镇化和区域协调发展战略的重要举措。京津冀协同发展的目标是建设成为世界级城市群，旨在推进中国经济转型升级，提高区域内的协同发展水平，实现可持续发展。京津冀一体化发展涉及多个领域，如交通、环保、教育、医疗等，以及多个行业，如高端制造、服务业、文化创意等。京津冀区域数字化转型和产业联动升级已经成为衡量和推动一体化发展的重要标准和根本动力。

3.1 京津冀协同发展现状及存在的问题

京津冀协同发展已经取得了一定的成果。在基础设施建设方面，京津冀地区已经建成了多个高速公路、高速铁路和城际铁路等交通基础设施，形成了高效的交通网络。此外，还建设了大量的污水处理设施、垃圾处理设施和清洁能源项目，有效改善了环境质量。在产业协作方面，京津冀地区通过实施"产业转移、项目合作、共建平台"等方式，实现了各自产业互补、优势互补、资源共享、利益共赢。尤其是在高端制造、新能源、文化创意等领域，京津冀地区的合作更为紧密。在人才引进方面，京津冀地区积极吸引国内外高层次人才，加强人才交流合作，提高人才资源配置水平。例如，天津自贸区等地出台了一系列优惠政策，吸引各类人才在此落户、工作和生活。在优化生态和加强环境保护方面，京津冀地区推进生态文明建设，加强环境生态保护屏障。例如，加强河流湖泊污染防治、实施建设与绿化森林和草原行动等，已经取得了显著成效。但京津冀协同发展仍面临着一些问题和挑战，如经济结构调整、人口流动、生态环境保护、资源配置和协同机制等方面的问题。

3.1.1 京津冀协同发展现状

京津冀协同发展是中国国家战略的重要组成部分，旨在通过疏解北京非首都功能、优化区域空间布局、推动三地（北京、天津、河北）优势互补，打造以首都为核心的世界级城市群。其核心目标是实现区域经济一体化、生态环境联防联控、公共服务共建共享。经过十余年的发展，已取得显著进展。

在非首都功能疏解方面，北京核心区人口密度下降，一般制造业、区域性批发市场大规模外迁，累计疏解退出约3000家一般制造业和污染企业；作为"千年大计"，雄安新区进入大规模建设阶段，央企、高校、科研机构等疏解项目加速落地，首批疏解的高校（北京科技大学、北京交通大学等）和央企总部（中国星网、中国中化等）已启动建设；通州区行政办公区建成投用，运河商务区、环球影城等带动区域发展。在交通一体化方面，京雄城际、京唐城际、京滨城际等高铁开通运营，京津冀"1小时交通圈"初步形成，高铁总里程超2500千米；北京大兴国际机场投运，与天津滨海机场、石家庄正定机场形成协同效应；京津、京冀间多条跨省市地铁线路（如平谷线）加快建设，通勤便利度提升。在产业协作与创新协同方面，北京中关村在天津、河北设立分园，如天津滨海—中关村科技园、保定·中关村创新中心，累计注册企业超3000家；天津重点发展高端制造、航运物流，河北承接北京产业转移（如曹妃甸协同发展示范区、沧州生物医药产业园），区域产业链初步形成；京津冀国家技术创新中心成立，三地联合攻关关键技术，2022年区域研发经费投入占比超全国15%，创新创业生态逐渐形成。在生态环境联防联控方面，空气质量持续改善，2022年京津冀PM2.5平均浓度较2014年下降约60%，重污染天数大幅减少，京津风沙源治理、永定河综合治理等工程推进，区域森林覆盖率提升至35%以上；建立跨区域环保执法联动机制，统一环境监测标准。在公共服务均等化方面，北京优质中小学在天津、河北开办分校超50所，京津冀医疗机构检验结果互认、异地就医直接结算覆盖全域；三地社保转移接续流程简化，养老、工伤保险逐步互通。

3.1.2 京津冀协同发展存在的问题及原因分析

京津冀协同发展虽取得显著成效，但在推进过程中仍面临一系列深层次问题，这些问题既有历史遗留的结构性矛盾，也有体制机制障碍和现实发展的冲突。以下是主要问题及原因分析。

1. 区域发展不平衡问题突出

京津冀区域发展不平衡问题主要表现在以下几个方面。一是京津冀三地经济差距悬殊。2022年河北人均国内生产总值约5.4万元，仅为北京（19万元）、天津（12万元）的28%和45%，城乡收入差距也显著高于北京、天津。二是产业结构断层。北京以服务业（占比83%）和高端产业为主，天津以先进制造业和港口经济为支撑，河北仍依赖于传统工业（如钢铁、建材等），产业层次低、附加值低。三是经济结构调整不平衡。在京津冀地区的经济发展中，北京市主要发展高新技术、金融服务等产业，而河北则以传统制造业为主。这种经济结构上的不平衡可能会影响到京津冀地区产业协同的发展，导致各地竞争不充分或产业协作难度较大。

区域发展不平衡的原因分析。一是历史资源分配不均。计划经济时期北京、天津集聚全国优质资源（央企总部、高校、科研机构），河北长期承担资源供给和生态屏障功能，导致发展基础薄弱。二是"虹吸效应"持续。北京、天津凭借政策、资金、公共服务优势，吸引河北人才、资本和技术外流，形成"环京津贫困带"。三是产业协同不足。北京疏解的部分产业（如低端制造业）与河北承接能力不匹配，部分转移项目仍停留在"物理搬迁"而非"升级转型"。

2. 行政壁垒制约要素流动

制约京津冀区域要素流动的行政壁垒主要表现在以下几个方面。一是政策衔接困难。三地社保、医疗、教育等公共服务标准不一，跨区域办事存在"政策打架"。二是利益分配矛盾。产业转移中税收分成、国内生产总值核算、生态补偿等机制不完善，地方政府合作动力不足。三是市场分割。招投标、资质认证等存在地方保护主义，企业跨区域经营成本高。

行政壁垒形成主要是由以下几个原因造成的。一是属地管理思维固化。地方政府政绩考核以本地国内生产总值为主，缺乏区域协同激励机制，导致竞争多于合作。二是顶层设计落地困难。中央政策在地方执行中受利益博弈影响，跨区域协调机构（如京津冀协同发展领导小组）权威性不足，缺乏强制约束力。三是财税体制限制。现行分税制下，地方政府需保障本地财政收入，跨区域项目税收分配难以达成共识。

3. 要素流动与协同创新不足

京津冀区域要素流动与协同创新不足主要表现在以下几个方面。一是人才单向流动。河北高端人才净流出率超30%，北京、天津高校毕业生留京率超70%，河北难以吸引创新资源。二是人口流动非常频繁。外来人口迁移，会对当地的经济、社会、环境等方面产生一定的影响，如加剧了当地房价、交通拥堵等问题。三是创新资源辐射弱。北京研发投入强度（6.5%）远高于河北（1.9%），但技术成果本地转化率不足 20%。三是产业链协同低效。三地产业链存在"断链"现象，如北京研发成果多在长三角、珠三角转化，津冀配套能力不足。

京津冀区域要素流动与协同创新不足的原因分析。一是公共服务存在落差。河北教育、医疗水平与北京、天津差距大，难以满足人才需求。二是创新生态不完善。河北缺乏中试平台、风险投资等配套体系，承接北京技术转化能力弱。三是行政干预市场行为依然存在。科研项目资金使用受地域限制，跨区域产学研合作面临审批阻碍。

4. 生态环境治理压力长期存在

京津冀区域协同发展的生态环境治理压力主要表现在以下几个方面。一是生态和环境保护问题。虽然京津冀地区已经采取了一系列措施加强生态和环境保护的措施，但由于区域内的工业企业、交通运输等对环境的影响仍然较大，污染治理仍需进一步加强。二是资源超载严重。京津冀人均水资源量不足全国的 1/5，地下水超采引发地面沉降。三是污染转移风险依然存在。北京疏解企业部分迁至河北，个别地区出现"污染搬家"。四是生态补偿机制不健全。河北为京津生态涵养承担损失，但补偿资金规模小、可持续性差。

京津冀区域生态治理方面存在问题原因分析。一是由粗放发展模式惯性造成的。河北钢铁、水泥等传统产业占比高，短期内难彻底转型，2022 年河北单位国内生产总值能耗仍为全国平均 1.5 倍。二是由跨区域治理权责不清造成的。大气污染联防联控缺乏法律约束，生态补偿标准缺乏科学测算。三是由绿色转型成本较高造成的。清洁能源替代、环保技术改造需要巨额投入，地方财政压力大。

5. 交通与基础设施衔接存在短板

京津冀区域交通与基础设施衔接主要表现在以下几个方面。一是"最后一公里"梗阻。跨省市地铁、公交线路覆盖率低，部分交界区域路网"断头路"仍未打通。二是枢纽协同不足。北京大兴机场与天津、石家庄机场航线分工不明确，存在同质竞争。三是物流成本高。区域多式联运体系不完善，河北港口与北京、天津陆运衔接效率低。

京津冀区域交通与基础设施衔接存在短板的原因分析。一是规划统筹不足。三地交通规划侧重本地需求，跨区域项目推进缓慢（如京唐城际建设周期长达7年）。二是投资主体分散。跨省市项目涉及多方利益，资金分担机制不明确。三是运营管理分割。跨区域轨道交通票务、安检等标准不统一，影响通勤效率。

综上所述，京津冀区域协同发展的核心矛盾是"行政区经济"与"区域经济"的冲突，行政区划与经济区划不匹配，地方政府"各自为政"思维根深蒂固；要素流动过度依赖行政手段，市场在资源配置中未充分发力；北京、天津追求"高精尖"，河北亟须"稳增长"，短期目标冲突难以调和；生态补偿、税收共享等机制缺乏法律保障，长期可持续性不足。破解难题需从体制机制改革入手，推动从"被动协同"向"主动融合"转变，重构激励机制，强化市场作用，创新治理模式，精准产业协同，避免低端重复建设。

3.2 京津冀区域数字化转型分析

京津冀区域数字化转型是一项综合性的工程，需要政府、企业和社会组织的共同努力，才能实现京津冀区域内经济和社会的全面发展。

3.2.1 区域数字化转型的内涵

区域数字化转型是指在特定地域范围内，利用数字技术和创新实现经济、社会和文化的转型升级。这种转型不仅是单个企业或组织的数字化转型，而是在整个区域内实现数字化转型，促进经济的发展和社会的进步。区域数字化转型的重点在于通过数字化技术来优化和升级整个区域的经济结构和产业链，以提高生产力和效率。通过建立数字化平台、采用物联网和人工智能等先进技术，实现数据共享和互联互通，促进企业之间的合作和创新。

区域数字化转型还包括数字化城市建设，即建设智慧城市，提供智慧交通、智慧医疗、智慧能源等一系列数字化服务，提升城市管理的效率和品质，提高人民的生活质量。在区域数字化转型中，政府需要领导数字化转型的进程，提供资金支持、政策引导和创新环境。同时，企业和社会组织也需要积极参与数字化转型，发挥各自的优势，共同推动整个区域的数字化升级。

区域数字化转型旨在通过数字技术的深度应用与融合，推动经济、社会等领域的系统性变革，以实现高质量发展、提升区域竞争力和居民生活水平。其核心目标是优化资源配置，降低社会运行成本，催生新业态、新服务、新治理方式，提升区域应对风险（如疫情、自然灾害）的能力，实现数字红利的全民共享。区域数字化转型的内涵可以从以下多个维度展开。

一是技术驱动的底层重构。通过应用 5G 网络、物联网、云计算、人工智能、区块链等新兴数字技术，布局与完善数字基础设施；通过构建数据采集、存储、分析、共享体系，推动数据作为生产要素的价值释放；通过数字技术与实体产业、公共服务、城市管理的深度融合，形成新的生产力和运行模式。

二是经济结构的升级与创新。通过传统产业（如制造业、农业、服务业等）智能化改造、工业互联网等手段提升效率，实现产业数字化；通过培育数字经济新业态（如大数据、人工智能产业、平台经济），形成新的经济增长点；通过数字技术促进产学研协同创新，孵化科技型企业和数字化解决方案。

三是社会治理的智慧化。通过政务服务的在线化、智能化（如"一网通办"），提升行政效率和透明度；通过智慧城市系统优化交通、能源、环境等领域的资源调配与应急管理；利用大数据和 AI 技术强化治安防控、灾害预警等能力，提升公共安全水平。

四是民生服务的普惠与便捷。通过医疗、教育、养老等公共服务数字化（如远程医疗、在线教育），突破时空限制，实现智慧民生；通过缩小城乡、代际数字鸿沟，保障弱势群体的数字权益；通过智能终端和平台优化居民生活体验（如智慧社区、数字文旅），实现生活场景智能化。

五是区域协同与生态共建。通过打破行政壁垒，推动数据互通、资源共享（如"城市大脑"互联），实现跨区域协同；通过数字化手段监测环境、优化能源利用，助力"双碳"目标实现，推动绿色可持续发展；通过吸引企业、科研机构、社会组织多方参与，形成数字生态共同体，建立和完善开放合作生态。

六是文化与价值的重塑。通过推动传统文化数字化转型（如数字文博、虚拟现实体验）打造数字文化创新环境；通过培养居民的数字技能与适应能力，构建数字社会的新型文化认同。

综上所述，区域数字化转型并非单纯的技术升级，而是通过技术、制度、文化、人才多要素协同，推动区域整体迈向更高效、更智能、更包容的可持续发展模式。不同区域需要根据自身资源禀赋和发展阶段，制定差异化的转型路径。

3.2.2　京津冀区域数字化转型的特征

在数字化产业方面，京津冀地区呈现出多元化样态，包括电子商务、互联网金融、智能制造等领域，涵盖了各种规模和类型的企业和组织。人工智能、大数据、物联网等前沿科技领域处于领先地位，这些技术的不断发展推动了数字化转型的深入，使京津冀地区具有很强的科技创新能力。在人才资源方面，京津冀地区具有明显的人才优势，拥有众多高素质人才，其创新能力和创业精神为数字化转型提供了强有力的支持。在数字化转型的广度和深度方面，共享经济在京津冀地区得到了广泛的应用，如共享单车、共享办公空间等，数字化转型在这种新型经济模式的推动下不断深入发展；同时数字化转型不局限于某个行业或领域,而是在各个领域之间不断融合、跨界,推动着数字化经济的整体发展。因此,京津冀区域数字化转型具有鲜明的时代特征。

京津冀区域数字化转型的发展得到了各级政府的大力支持,这是数字化转型能够取得成功的重要因素之一。政府的政策支持、资金投入和产业规划为企业和组织提供了重要的引导与保障,促进了数字化转型的深入发展。下面将详尽分析京津冀地区数字化转型的政策支持,以及政策对数字化转型发展的推动作用。

1. 政策支持的多层级性

京津冀地区的数字化转型政策支持是多层级的,从国家到地方都有相应的政策和规划。国家层面的政策支持主要包括"互联网+"行动计划和"中国制造2025"等,为数字化转型的推动提供了总体框架和方向。地方层面的政策支持则更为具体和实际,如北京市"数字北京"建设、天津市"智慧天津"建设、河北省"数字河北"行动计划等。这些政策支持的具体措施包括:提供政策资金、优惠税收、减轻企业负担等,为数字化转型企业和组织提供了实质性的支持。

2. 政策支持的开放性

京津冀地区的数字化转型政策支持具有开放性。京津冀地区数字化转型的成功得益于政府的政策支持,政策支持是数字化转型能够取得成功的重要因素之一。在京津冀地区,政府制定了多层次的政策和规划,包括国家层面的"互联网+"行动计划和"中国制造2025",地方层面的"数字北京"建设、"智慧天津"建设、"数字河北"行动计划等。这些政策支持为数字化转型的发展提供了全面性的框架和指导,同时为企业和组织提供了实质性的支持和帮助。

3. 政策支持的创新性

京津冀地区的数字化转型政策支持具有创新性。政策支持既注重数字化转型的发展，又注重数字化产业的可持续发展和生态建设。例如，河北省的"数字河北"行动计划提出了"数字文化遗产保护"和"数字医疗健康服务"等创新性政策，为数字化转型的发展带来了新的机遇和空间。同时，各地区非常重视机制创新，从自身的特点出发，推出了数字化转型的政策支持的实施机制，为政策的有效实施提供了保障。例如，北京市推出了"数字北京"创新券，为创新型企业提供政策支持和资金保障。天津市则设立了"数字经济产业发展专项基金"，用于支持数字化产业的发展和企业的转型升级。这些实施机制有利于政策的贯彻落实，推动数字化转型的顺利进行。

3.2.3 京津冀区域数字化转型存在的问题

京津冀区域数字化转型在具体实践中取得了显著成效。京津冀区域数字经济规模不断扩大，数字经济已经成为区域经济发展的重要支撑。据统计，2019年，京津冀区域数字经济总规模达到6.4万亿元，同比增长7.8%。在人工智能应用领域，北京市成立了人工智能产业发展联盟，天津市成立了人工智能创新发展联盟，河北省也积极推进人工智能产业发展。在5G技术应用领域，京津冀地区处于全国领先地位。到目前为止，天津、北京、河北三地已经实现了5G网络全覆盖，并在5G应用、产业发展、标准制定等方面取得成效。在政务服务数字化方面，京津冀区域政务服务数字化程度不断提升。在跨境电商发展方面，京津冀区域跨境电商发展迅速，天津市和河北省设立了多个跨境电商综合试验区，北京市也积极推进跨境电商发展。总的来说，京津冀区域数字化转型成绩斐然，但仍需要进一步加强数字化基础设施建设，推动数字经济、人工智能、5G技术等领域的深入发展。京津冀作为我国重要的区域协同发展示范区，数字化转型在推动区域一体化中具有关键作用,然而在具体实践中仍面临以下突出问题。

1. 区域内部数字基础设施发展不均衡

数字化基础设施建设滞后及发展不均衡是制约京津冀区域数字化转型的重要因素。尽管政府已经加大了数字化基础设施建设的投入,但仍然存在部分地区基础设施建设滞后的问题,从而导致部分地区数字化应用的发展受到限制。具体表现在以下几个方面:一是"数字鸿沟"显著。北京、天津的数字基础设施(如5G基站、数据中心)覆盖率远高于河北,河北部分农村地区网络带宽不足,制约着城乡协同。二是算力资源分布不均。北京集中了全国大量算力资源(如超算中心),而天津、河北地区尤其是河北,算力需求与供给严重失衡。三是跨域互联互通不足。京津冀三地网络数据交互存在延迟,跨区域数据调用效率低(如北京企业访问河北政务数据需多次验证)。例如,河北张家口、承德等地的农村地区仍存在网络盲区,影响着农产品电商和远程教育的普及。

2. 数据共享与协同机制滞后

数据共享与协同机制滞后主要体现在以下几个方面。一是行政壁垒阻碍数据流动。京津冀三地政务数据标准不一,跨省调用需要烦琐审批(如医保、社保数据难以互通)。二是存在产业协同数据孤岛。京津冀三地的产业链上下游企业(如汽车制造、生物医药)缺乏统一的数据交互平台,影响供应链协同效率。三是生态环保数据整合困难。大气污染联防联控中,三地环境监测数据实时共享机制尚未完全建立。例如,京津冀"健康宝"在新冠疫情初期未能实现互认,暴露出数据共享机制的缺陷。

3. 产业数字化转型水平差异大

京津冀三地产业数字化差异成为制约区域数字化转型的重要因

素。具体表现为：一是北京"一枝独秀"。北京数字经济占比超50%，集中于高附加值领域（如 AI、金融科技）；天津部分传统制造业（如钢铁、石化）数字化改造缓慢；河北大量中小企业仍处于"机器换人"初级阶段。二是产业链数字化同不足。北京研发的数字化解决方案难以匹配天津、河北传统产业需求，导致技术落地困难。三是数字产业化发展失衡。北京集聚大量互联网企业，而天津、河北缺乏本土数字经济龙头企业。例如，2022年北京数字经济核心产业增加值占国内生产总值比重达21.3%，河北仅为6.5%。

4. 创新资源与人才流动受限

京津冀三地不同的区位特征制约了创新资源与人才流动。主要表现在以下几个方面。一是北京地区创新要素过度集中。全国70%的 AI 高层次人才聚集在北京，天津、河北面临人才"虹吸效应"。二是跨区域产学研合作薄弱。北京高校的技术成果在天津、河北转化率不足10%，缺乏联合实验室等载体。三是数字技能培训覆盖不足。河北传统产业工人数字化技能缺口大，职业培训体系尚未全面对接北京、天津资源。例如，河北曹妃甸工业区企业反映，本地数字化技术工人流失率高达30%。

5. 政策协同效率低下与制度创新不足

政策协同效率低下和制度创新不足成为制约京津冀区域数字化转型的重要因素。主要表现在以下几个方面。一是标准与法规不统一。京津冀三地在数据确权、隐私保护等领域的政策存在差异（如河北数据交易规则与北京不兼容）。二是跨区域项目推进困难。京津冀智慧城市群建设中，三地财政分担、利益分配机制尚未明确。三是绿色数字化面临挑战。数据中心等高耗能项目布局与河北"双碳"目标存在矛盾（如张北数据中心集群的能源消耗压力）。例如，京津冀联合建设的工业互联网标识解析节点因三地补贴政策不同，导致企业接入积极性差异大。

6. 数字治理与公共服务协同短板

数字治理与公共服务协同短板成为制约京津冀区域数字化转型的重要因素。主要表现在以下几个方面。一是跨区域公共服务数字化滞后。异地就医结算、公积金互认等场景存在流程障碍。二是应急管理联动不足。自然灾害预警、疫情防控等跨区域协同响应机制尚未完全数字化。三是数字包容性不足。河北农村老年人、低收入群体面临"数字使用门槛"，区域内部不平等加剧。例如，在2023年京津冀暴雨灾害中，三地灾情数据未能实时整合，影响了救援资源调度。

除以上重要因素外还存在以下几个问题。一是数字化人才短缺。尽管政府已经采取了一系列措施来培养数字化人才，但是数字化人才的短缺仍然存在，这可能会导致数字化应用的推广和普及受到限制。二是数字化应用存在安全隐患。随着数字化应用的普及，网络安全问题愈加突出。部分数字化应用可能存在数据泄露、信息安全等方面的隐患，需要加强安全监管和防范措施。三是数字化应用与传统行业的融合和创新需加强。在数字化转型过程中，传统行业需要积极适应新的技术和业态。这需要创新思维和新的商业模式，以便更好地实现数字化转型。

总体来说，京津冀区域数字化转型的深层问题本质上是区域发展不平衡与协同机制不完善的叠加效应，主要表现在以下几个方面。一是"强中心—弱外围"结构固化。北京技术溢出效应有限，天津、河北配套能力不足，形成"研发在北京、转化在津冀"的断链风险。二是市场化动力不足。政府主导的数字化项目较多，企业尤其是中小企业自主转型意愿弱。三是存在数据安全与隐私风险。跨区域数据流动可能引发管辖权争议（如河北企业使用北京云服务时的数据合规问题）。这些问题的根治既需要通过技术、制度、产业多维度破局，也需要政府和企业共同努力，才能真正实现"数字赋能区域一体化"的目标，促进数字化应用的发展和数字经济的繁荣。

3.3 京津冀区域产业联动升级分析

京津冀区域产业联动升级是中国政府提出的一项重要发展战略，旨在加强京津冀地区经济协同发展，促进区域产业结构优化升级。

3.3.1 京津冀区域产业联动升级的内涵

1. 产业联动升级的内涵

产业联动升级是指通过不同产业间的合作、协作，实现产业的提升和发展，以及经济结构的优化和升级。这种联动可以是在同一产业链上不同环节之间的协作，也可以是跨越不同产业链的合作。产业联动升级的核心是实现资源的共享和协同，促进产业之间的互补和优势互补，从而提高整个产业的竞争力和附加值。这种升级不仅仅是技术、设备和产能的提升，还包括在产业链中实现价值链的重构、产业布局的优化、创新能力的提升等方面。产业联动升级可以推动区域经济发展，提高就业水平和人民生活水平，加快产业结构转型升级。在实践中，政府、企业和地方组织等可以通过合作、协作、创新、共赢等方式推进产业联动升级。产业联动升级具备协同创新、价值链重构、产业互补、资源共享和组织合作的基本特征。

产业联动升级通过不同产业的资源整合、技术协同、价值链延伸等方式形成紧密互动，从而推动产业结构优化、效率提升和整体竞争力增强。其核心在于打破产业边界，促进跨行业协作，实现"1+1>2"的协同效应。其内涵包括两个方面。一是跨产业协同与融合。在同一产业链上的不同环节（如原材料、制造、销售）通过技术共享或流程优化实现高效衔接，同产业的横向联动；二是在不同产业间的深度融合，如制造业向服务业延伸（如"产品+服务"模式），或文旅产业与数字技术结合形成沉浸式体验经济，实现不同产业的纵向延伸。

2. 京津冀区域产业联动升级的内涵

京津冀区域产业联动升级是指通过加强区域内不同城市和产业之间的协同发展，实现整个区域产业的优势互补和协同发展，从而推动区域产业的升级和优化。其内涵包括以下几个方面。一是产业链协同发展。京津冀地区的不同城市和产业之间存在着不同的优势和特点，通过加强产业链的协同发展，可以实现产业的优势互补，提高整个区域的产业水平。二是智能制造业和高端装备制造业的发展。京津冀地区加大了对智能制造业和高端装备制造业的支持力度，通过引进高端技术和人才，加强产业链的协同发展，提升整个区域的产业水平。三是科技创新和人才引进。京津冀地区通过吸引大量的高端人才和创新企业，建设高水平的科研机构和技术创新中心，推动了区域产业的创新发展。四是环保产业和新能源产业的发展。京津冀地区通过推动环保产业和新能源产业的发展，既解决了环境和能源问题，也促进了区域产业的升级和发展。

总之，京津冀区域产业联动升级是一个复杂而全面的过程，需要各方的合作和努力，才能够实现整个区域产业的升级和优化。

3.3.2 京津冀区域产业联动升级的特征

1. 政策支持力度大

政府出台了一系列政策措施，如加大对创新企业的扶持力度、推动科技成果转化等，促进了京津冀地区的创新创业发展。产业联动升级需要政府、企业和地方组织多方合作，通过制定合理的政策和规划，营造良好的环境和氛围，促进产业之间的协同发展。组织合作是指不同组织之间为了实现共同的目标而进行的合作。这种合作可以是跨行业、跨领域、跨国界的，旨在协同资源和知识，提高整体绩效和价值创造能力。组织合作在现代商业环境下非常重要，可以促进企业之间的共同发展和创新,增强企业的竞争力。组织合作可以分为跨行业合作、跨国界合作、跨部门合作,其特点主要包括合作共赢、分工合作、协同创新和风险共担。总之,组织合作是现代商业环境下不可或缺的一部分,可以协同资源、共同创新,提高整体绩效和市场竞争力。组织合作的方式和形式不断发展,需要根据实际情况和目标选择合适的合作伙伴和模式。

2. 产业联动协同发展

不同地区之间的发展水平和产业基础存在差异,需要加强合作和互补,促进更高水平的共同发展。例如,河北省的钢铁企业与天津市的汽车企业合作,实现了钢铁和汽车产业的协同发展。产业联动协同发展,可以实现资源优化配置,提高经济效益。不同产业之间具有不同的特点和优势,通过产业联动升级,可以实现产业之间的互补,提高整个产业的效益和竞争力。产业互补性是指不同产业之间的相互补充和协同作用。在产业互补性中,不同的产业之间具有相互依赖的关系,每个产业既能够为其他产业提供必要的资源和服务,也能够从其他产业获得必要的资源和服务。这种互补性可以促进产业的协同发展,提高整个经济体系的效益。不同的产业之间相互依存,一个产业的发展需要另一个产业的支持,它们之间形成了一种相互依存的关系;不同产业之间的资源相互补充,它们之间的资源利用效率可以通过互相合作得到提高;不同产业之间的价值链存在衔接和联系,它们之间通过交互和合作形成了一种互补性;不同产业之间的互补性促进了产业的协同发展,有利于提高整个经济体系的效益;不同产业之间的互补性可以促进产业的升级和转型,提高产业的竞争力和市场地位;不同产业之间的互补性可以促进创新和技术进步,提高企业的创新能力和技术水平。因此,产业互补性是促进产业协同发展和经济效益提升的重要因素。不同产业之间的互相补充和协同作用可以实现资源互补、提高效率、促进创新和技术进步。

3. 区域协调发展

京津冀地区的产业结构仍然存在重复和竞争的问题，需要进一步优化和协调。通过优化产业布局，重构价值链，可以实现产业之间的协同发展和优势互补，提高资源利用效率，提升整体价值链。价值链是指一系列的活动，从原材料采购、产品研发、生产制造、营销销售到售后服务等环节，构成了一个完整的产业链。价值链重构是指通过重新设计和优化这些活动，提高价值链的效率和附加值，实现产业升级和转型。价值链重构的过程通常包括以下几个方面：一是通过对价值链中的每个活动进行优化提高效率和附加值。例如，通过改进原材料采购方式、优化生产流程、优化销售渠道等方式，实现活动效率的提升。二是通过对价值链中的部分活动进行重组实现效率和附加值的提升。例如，将研发和生产环节进行紧密衔接，加快产品开发周期和推向市场速度，提高企业的创新能力和市场竞争力。三是通过增加附加值，实现价值链效益的提高。例如，通过增加产品的功能、提供优质售后服务、加强品牌营销等方式，提升产品的附加值，提高客户满意度和企业品牌价值。总之，价值链重构是一种重要的产业升级和转型方式，可以通过优化活动、重组环节、增加附加值等方式，实现企业的效益提升和产业的升级转型。

4. 创新驱动发展

政府加大对创新企业的扶持力度、推动科技成果转化等，促进了京津冀地区的创新创业发展。创新驱动发展，可以提高产业竞争力，实现经济的可持续发展。产业联动升级的核心是创新，不同产业之间通过合作、协作来实现技术、产品、管理等方面的创新，提升整个产业的竞争力和附加值。协同创新是指多个企业、组织或个人之间共同合作，利用各自的专长和资源，共同进行研究和开发新技术、新产品或提供新服务的过程。协同创新可以在不同的产业领域中发挥作用，也可以在不同的阶段和环节中应用。协同创新的核心是合作，通过合作来汇集各种资源，共同完成研发和创新。协同创新可以促进产业之间的交流和合作，加速技术的转移和应用，提高产业的整体水平和竞争力。协同创新需要多方参与，包括企业、研究机构、高校等，利用各方的专长和资源，明确各方的职责任务，共同承担风险和责任，实现优势互补，提高创新效率，促进不同领域的技术交流和合作，加速技术的转移和应用，实现合作，提高效率和效益，分担研发成本和风险，降低研发投入，促进产业之间的协同发展，加速产业升级和转型。

5. 生态环境保护

京津冀地区的环境污染问题需要得到有效治理和解决，以保障人民生命健康和生态环境的可持续发展。通过资源共享可以提高资源利用效率，减少浪费，实现产业之间的共赢。资源共享是指在一定的条件下，不同的个体或组织共享相同的资源，以更加高效和可持续地利用。资源共享可以应用于各个领域，包括经济、社会、环境等。在数字化和信息化时代，资源共享得到了更为广泛的应用和推广。资源共享可以提高资源的利用率，避免资源的浪费和重复利用，降低成本和提高效益；可以促进可持续发展，降低资源的消耗和浪费，减少环境污染和生态破坏。共享资源包括共享经济、共享办公和共享开放数据。共享经济是一种以资源共享为基础的商业模式，通过共享经济平台，实现资源的高效利用和价值创造。共享办公是一种基于资源共享的新型办公方式，多个企业或个人共享同一空间和设施资源，实现成本的降低和资源的高效利用。共享开放数据是指政府或企业将自己拥有的数据资源进行共享，以促进社会、经济和科技的发展。总之，资源共享是一种高效、可持续的资源利用方式，可以促进经济、社会和环境的可持续发展。在数字化和信息化时代，资源共享将得到更为广泛的应用和推广。

综上所述，京津冀区域产业联动升级的特点主要包括政策支持力度大、产业联动协同发展、区域协调发展、创新驱动发展、生态环境保护。这些特点为京津冀地区经济协同发展和高质量发展提供了重要的支撑。

3.3.3 京津冀区域产业联动升级存在的问题

京津冀区域产业联动升级已经取得多项成果。政府通过出台加大对创新企业的扶持力度、推动科技成果转化等一系列政策措施，促进了京津冀地区的创新创业发展。京津冀地区的产业链、供应链等方面的联动正在逐步加强，例如，河北省的钢铁企业与天津市的汽车企业合作，实现了钢铁和汽车产业的协同发展。产业结构调整初见成效，部分新兴产业如高端装备制造、新材料、生物医药等正在快速发展，传统产业如钢铁、煤炭等也在向高端和绿色方向转型；区域协作机制初步建立，三地可以共同解决一些共性问题；创新能力不断提升，一些高新技术企业和创新型企业已经成为区域经济的重要支柱；城市的基础设施不断完善，为进一步深入推进产业联动升级打下了坚实的基础。然而，京津冀区域产业联动升级仍面临着一些问题和挑战。第一，京津冀地区的产业结构存在重复和竞争的问题，需要进一步优化和协调。第二，不同地区之间的发展水平和产业基础存在差异，需要加强合作和互补，促进更高水平的共同发展。第三，京津冀地区的环境污染问题需要得到有效治理和解决，以保障人民的生命健康和生态环境的可持续发展。

1. 产业结构不平衡

京津冀地区的产业结构不平衡，重复和竞争现象比较严重。主要表现在以下几个方面。一是产业结构单一。京津冀地区的产业结构主要以传统的重工业和资源型产业为主，如钢铁、煤炭、化工、建材等。这种产业结构的单一性，既不利于区域经济的升级和发展，也给传统产业带来了环境污染和资源浪费等问题。二是高新技术产业发展不足。京津冀地区的高新技术产业发展相对滞后。虽然北京市和天津市在高新技术产业方面具有一定的优势和基础，但是整个区域的高新技术产业发展还不够成熟，与全国先进水平仍存在一定差距。三是产业转型困难。京津冀地区的部分传统产业存在产能过剩和环境污染等问题，需要进行产业转型和升级。但是，由于历史遗留问题、产业链条不完整、技术难题等原因，产业转型和升级存在一定的困难。四是区域产业协调不足。京津冀地区的产业发展缺乏协调和联动，各地之间缺乏合作和互补，导致部分产业重复建设和资源浪费。

2. 区域发展不平衡

京津冀地区的发展水平和产业基础存在差异，不同地区之间的发展不平衡问题比较突出。主要表现在以下几个方面。一是发展水平不均衡。京津冀地区的经济发展水平存在较大差异，北京市和天津市是经济发展相对较快的地区，而河北省的经济发展相对滞后。这种发展水平不均导致了资源的不充分利用和不合理配置，不利于区域经济的协调发展。二是投资分布不均衡。大量的投资主要集中在北京市和天津市，而河北省的投资相对较少。这种投资不均导致了经济资源的集中和浪费，不利于区域经济的协调发展。三是城乡发展不均衡。城市和农村之间的发展差距较大，部分城市发展相对缓慢，农村地区经济发展水平也相对较低。这种城乡发展不均衡导致了人才流失和资源浪费，不利于区域经济的可持续发展。四是产业布局不均衡。部分城市的产业结构不够优化，产业链比较薄弱，缺乏核心竞争力。这种产业布局的不均衡导致了资源的浪费和不合理配置，不利于区域经济的协调发展。

3. 环境污染

京津冀地区的环境污染问题比较严重，对人民生命健康和生态环境的可持续发展造成了威胁。主要表现在以下几个方面。一是大气污染问题。由于工业排放、交通尾气、城市建设等因素造成京津冀地区的大气污染问题比较突出。这种大气污染不仅影响了居民健康,也影响了区域形象和经济发展。二是水污染问题。由于制造业、农业和城市生活污水排放等问题造成京津冀地区的水污染比较严重。这种水污染不仅影响了水资源的可持续利用,也会影响到人民身体健康和生存质量。三是土壤污染问题。由于农业、工业和城市建设等因素使京津冀地区的土壤污染问题日益突出。这种土壤污染不仅会影响到农产品的质量和安全,也会对生态环境造成长期的影响。四是噪声污染问题。由于交通、工业和城市建设等原因京津冀地区的噪声污染比较严重。这种噪声污染不仅会影响到人民的身心健康,也会影响到居民的生活质量。

4. 人口流动

京津冀地区的产业联动升级需要大量的人力资源支持,而人口流动问题是影响产业联动升级的一个重要因素。京津冀地区的人口流动比较频繁,导致部分劳动力和技术资源的流失,从而影响区域经济的发展。一是人口流动加剧了人才流失。随着人口流动的增加,一些优秀人才可能会离开本地区,而人才流失会导致本地区的技术创新和产业升级能力受限,从而影响本地区的经济发展。二是人口流动导致了人力资源的浪费。过度的人口流动既会导致企业的用工成本增加,也会浪费原有的人力资源,而人力资源的浪费则会影响到产业联动升级的发展。三是人口流动加剧了城市化进程。人口流动加速了京津冀地区的城市化进程,这也为产业联动升级带来了一定的困难。城市化进程加快,使得城市建设和用地成本增加,从而对部分企业的发展造成了一定的影响。

5. 融资难

京津冀地区的部分小微企业和新兴产业,由于融资渠道不畅,致使融资难问题比较突出。京津冀地区的产业联动升级需要大量的资金支持,但是融资难问题一直是制约产业联动升级的一个重要因素。一是难以满足企业的发展需求。融资难会导致企业难以获得足够的资金支持，无法满足企业的发展需求。这会限制企业的技术创新和产业升级能力，从而影响产业联动升级的发展。二是限制产业的转型和升级。由于融资难问题，部分企业难以进行产业转型和升级，从而会影响到京津冀地区的产业联动升级进程。三是影响区域经济的发展。区域经济的发展需要大量的资金支持，融资难问题既会影响到区域经济的发展速度和质量，也会影响到京津冀地区的产业联动升级进程。

综上所述，京津冀区域产业联动升级存在着产业结构不平衡、区域发展不平衡、环境污染、人口流动和融资难等一系列问题。因此，政府需要加强政策支持力度，进一步优化产业结构，加强区域协调发展，实现经济和环境的协调发展，促进京津冀地区经济的健康发展。

3.4 京津冀区域数字化转型与产业联动升级的关系

京津冀区域数字化转型与产业联动升级密切相关，二者相互促进、互为条件。数字化转型的深化可以加快产业联动升级的进程，从而推动区域产业的高质量发展，而区域产业的转型和升级，则能加快数字的产业化进程，数字产业化和产业数字化协同推进，才能促进京津冀地区高质量快速协调发展。

3.4.1 京津冀区域数字化转型对产业联动升级的促进作用

1. 促进产业链的数字化升级

一是提高信息共享和协同。通过数字化技术的应用，可以让各个产业链上下游的企业之间实现信息共享和协同，提高整个产业链的效率和质量。二是推动物联网和智能制造。通过数字化技术的应用，可以实现设备之间的联网和智能化，提高生产效率和质量。三是促进供应链数字化升级。通过数字化技术的应用，可以实现供应链各个环节的信息化和智能化，提高供应链的效率和质量。四是推动数字化营销和客户服务。通过数字化技术的应用，可以实现客户信息的采集和分析，提高客户服务的质量和效率。

总之，区域数字化转型可以促进产业链数字化升级，从而提高整个产业链的效率和质量。

2. 推动新兴产业的发展

一是促进数字经济的发展。数字经济是新兴产业的重要组成部分，包括电子商务、互联网金融等，通过数字化技术的应用，可以实现数字经济的快速发展。二是推动人工智能和大数据等新技术的应用。人工智能和大数据等新技术具有高速增长和高附加值的特点，通过数字化转型可以实现这些新技术的应用。三是加速新兴产业的孵化和培育。通过建设高水平的孵化器和创新中心，可以吸引高端人才和资本，促进新兴产业的孵化和培育。四是推动科技创新和人才引进。通过引进高端技术和人才，可以加强产业链的协同发展，提升整个区域的产业水平。

总之，京津冀区域数字化转型可以促进新兴产业的发展，从而促进经济结构的优化和升级。

3. 加速传统产业的转型和升级

一是推动工业 4.0 和智能制造。通过数字化技术的应用，可以实现传统产业的数字化升级和智能化改造，提高传统产业的效率和质量。二是促进供应链数字化升级。数字化转型可以促进供应链数字化升级，通过数字化技术的应用，可以实现供应链各个环节的信息化和智能化，提高供应链的效率和质量。三是推动跨界融合和协同发展。数字化转型可以推动传统产业和新兴产业之间的跨界融合和协同发展，通过数字化技术的应用，可以实现不同产业之间的协同效应，促进传统产业的创新和转型升级。四是促进人才培养和技术创新。数字化转型可以促进人才培养和技术创新,通过引进高端科技人才和加强技术创新,提高传统产业的竞争力和创新能力。

总之,京津冀区域数字化转型可以加速区域传统产业的转型升级,从而提高传统产业的竞争力和创新能力。

4. 促进产业联动升级的跨界融合

一是促进数字化技术在不同产业中的应用。通过数字化技术的应用,不同产业可以实现信息共享和协同发展。二是推动产业链上下游之间的合作和协同发展。通过数字化技术的应用,可以实现产业链上下游之间的信息共享和协同发展。三是加强人才培养和技术创新。通过引进高端科技人才和加强技术创新,不同产业之间可以实现人才和技术的共享和协同发展。四是推动跨界融合的新业态和新模式的发展。通过数字化技术的应用,可以实现不同产业之间的创新和融合。总之,京津冀区域数字化转型可以促进产业联动升级的跨界融合,实现不同产业之间的协同发展和优势互补。

综上所述,京津冀数字化转型和产业联动升级是相互促进、相互支持的,数字化转型可以加速产业联动升级的进程,进而推动区域产业的高质量发展。

3.4.2 京津冀区域产业联动升级对数字化转型的促进作用

京津冀区域产业联动升级可以促进数字化转型,实现产业数字化升级和数字化技术在产业中的应用与推广。具体来说,产业联动升级可以通过以下几个方面促进数字化转型。

1. 推动数字化技术在传统产业中的应用

随着产业升级,数字化技术在传统产业中的应用越来越广泛。通过数字化技术的应用,可以实现传统产业的数字化升级,提高生产效率和产品质量,并为数字化转型打下坚实基础。京津冀地区产业升级可以通过以下几个方面推动数字技术在传统产业中的应用。

一是制定数字化产业政策。政府可以制定数字化产业政策，鼓励传统产业加强数字化转型，提高数字化技术的应用水平。二是建设数字化基础设施。京津冀地区可以加强数字化基础设施建设，提高数字化技术的覆盖范围和应用效果，为传统产业转型提供数字化支持。三是推广数字化技术应用。政府和企业可以联合开展数字化技术应用的推广活动，提高数字化技术应用的普及率和效果。四是加强数字化人才培训。数字化产业需要大量的数字化人才，政府和企业可以加强数字化人才的培训和引进，为传统产业提供数字化人才保障。五是建立数字化产业联盟。数字化产业联盟可以促进数字化产业与传统产业之间的合作和交流，加速数字化技术在传统产业中的应用和推广。

2. 加强数字经济和新兴产业的发展

京津冀地区的产业联动升级可以促进数字经济和新兴产业的发展，进而推动数字化转型。京津冀地区产业升级可以通过以下几个方面加强数字经济和新兴产业的发展。一是建设数字化基础设施。数字化经济和新兴产业需要良好的数字化基础设施的支持，如网络通信、数据中心、云计算等。京津冀地区可以加强数字化基础设施建设，提高数字化经济和新兴产业的发展水平。二是支持数字化产业发展。京津冀地区可以制定数字化产业政策和措施，引导企业加强数字化转型和产业协同发展。三是发展新兴产业。京津冀地区可以加强新兴产业的发展，如人工智能、物联网、大数据等，推动数字经济和新兴产业的融合，提高产业的创新能力和竞争力。四是培育数字化人才。数字化经济和新兴产业需要大量的数字化人才，京津冀地区可以加强数字化人才的培养和引进，为数字化经济和新兴产业提供人才保障。五是加强国际合作。京津冀地区可以加强与国际数字经济和新兴产业领域的合作与交流，吸引国际先进数字经济和新兴产业技术和经验，提高京津冀地区数字经济和新兴产业的发展水平。

总之,京津冀地区产业升级可以通过建设数字化基础设施、支持数字化产业发展、发展新兴产业、培育数字化人才和加强国际合作多个方面来加强数字经济和新兴产业的发展。这些措施能够提高京津冀地区数字经济和新兴产业的竞争力和创新能力,推动经济的快速发展,为京津冀地区的协同发展注入新的动力。

3. 促进数字化技术和传统产业的跨界融合

京津冀地区的产业联动升级可以促进数字化技术和传统产业之间的跨界融合进而推动区域数字化转型。京津冀地区产业升级可以通过以下几个方面促进数字化技术和传统产业的跨界融合。一是制定数字化产业政策。政府可以制定数字化产业政策,鼓励传统产业加强数字化转型,提高数字化技术的应用水平。二是加强数字化技术应用推广。政府和企业可以联合开展数字化技术应用的推广活动,提高数字化技术应用的普及率和效果,促进数字化技术与传统产业的融合。三是建设数字化平台。京津冀地区可以建设数字化平台,为传统产业提供数字化支持,促进数字化技术与传统产业的融合,实现数字化技术与传统产业的有机结合。四是推动数字化人才培养。数字化产业需要大量的数字化人才,政府和企业可以加强数字化人才的培训和引进,为传统产业提供数字化人才保障,促进数字化技术与传统产业的跨界融合。五是建立数字化产业联盟。数字化产业联盟可以促进数字化产业与传统产业之间的合作和交流,加速数字化技术在传统产业中的应用和推广,促进数字化技术和传统产业的跨界融合。

总之,京津冀地区产业升级可以通过制定数字化产业政策、加强数字化技术应用推广、建设数字化平台、推动数字化人才培养和建立数字化产业联盟多个方面来促进数字化技术和传统产业的跨界融合。这些措施能够提高传统产业的数字化转型能力,促进数字化技术与传统产业的融合,加速传统产业的转型升级,提高传统产业的竞争力和创新能力,促进经济的快速发展。

4. 推动数字化人才培养、提升科技创新能力

京津冀地区的产业联动升级可以为数字化人才的引进和培养创造条件，提升科技创新能力，提高区域产业的技术含量和技术水平，进而推动数字化转型。京津冀地区产业升级可以通过以下几个方面推动数字化人才培养、提升科技创新能力。一是建立数字化人才培养体系。京津冀地区可以建立数字化人才培养体系，加强数字化人才的培养和引进，提高数字化人才的素质和能力，为产业升级提供数字化人才支持。二是加强数字化人才培训。京津冀地区可以加强数字化人才的培训，提高数字化人才的技能水平和应用能力，为产业升级提供数字化人才支持。三是支持科技创新。政府可以制定科技创新政策和措施，支持企业加强科技的创新和研发，提高创新能力。四是建立科技创新平台。京津冀地区可以建立科技创新平台，为企业提供科技创新支持和服务，促进科技的创新发展。五是加强产学研合作。京津冀地区可以加强产学研合作，推动数字化人才培养、推动科技创新，加速数字化技术在产业升级中的应用和推广。

总之，京津冀地区产业升级可以通过建立数字化人才培养体系、加强数字化人才培训、支持科技创新、建立科技创新平台和加强产学研合作多个方面来推动数字化人才培养、提升科技创新能力。这些措施能够提高数字化人才的素质和能力，加速数字化转型进程，促进经济的快速发展。

综上所述，京津冀区域产业联动升级可以促进数字化转型，实现产业数字化升级和数字化技术的应用和推广。在产业升级的过程中，需要充分发挥数字化技术的作用，不断推动数字化转型，促进区域经济的持续发展和升级。

第4章 京津冀区域数字化转型程度的测算与影响因素分析

全球数字化转型程度不断加深,科学构建京津冀区域数字化转型指标体系成为制定其数字化政策的重要基础。下面本研究将从区域的基础转型能力、产业发展能力、金融普惠能力和政务服务能力四个维度构建指标体系来评价数字化转型的程度。

4.1 京津冀区域数字化转型评价指标的确定

本研究在选取京津冀区域数字化转型相关评价指标的过程中,结合了国内国外两个方面的指标体系,力求在数据完整性和客观性上加以完善。一是采用现有数据构建完整的评价指标体系;二是在数据完整的基础上保证指标覆盖面的完整性;三是运用京津冀地区的真实数据来确定区域数字化转型程度的指标权重,以保证其客观性。京津冀区域数字化转型评价指标体系如表4-1所示。

表 4-1 京津冀区域数字化转型评价指标体系

一级指标	二级指标	三级指标	变量
基础转型能力	基础设施完善程度	地区生产总产值（亿元）	x_1
		光缆线路长度（千米）	x_2
		互联网普及率（%）	x_3
		域名数（万个）	x_4
		网页数（万个）	x_5
	数据信息利用程度	ICT 专利占比（%）	x_6
		信息传输、计算机服务和软件业占全社会固定资产投资比重（%）	x_7
		软件业务收入（万元）	x_8
		信息技术服务收入（万元）	x_9
产业发展能力	企业信息化水平	信息化及电子商务企业数（个）	x_{10}
		企业期末使用计算机数（台）	x_{11}
		企业每百人使用计算机数（台）	x_{12}
		企业拥有网站数（个）	x_{13}
		每百家企业拥有网站数（个）	x_{14}
	电子商务交易活性	有电子商务交易活动企业数（个）	x_{15}
		电子商务销售额（亿元）	x_{16}
		电子商务采购额（亿元）	x_{17}
金融普惠能力	数字普惠金融覆盖广度	—	x_{18}
	数字普惠金融使用深度	—	x_{19}
	普惠金融数字化程度	—	x_{20}
政务服务能力	服务方式完备度指数	—	x_{21}
	服务事项覆盖度指数	—	x_{22}

续表

一级指标	二级指标	三级指标	变量
政务服务能力	办事指南准确度指数	—	x_{23}
	在线服务成熟度指数	—	x_{24}

4.1.1 基础转型能力

1. 基础设施完善程度

地区生产总值即地区国内生产总值，是指本地区所有常住单位在一定时期内生产活动的最终成果，是反映一个地区一定时期内经济发展状况最基本、最直接的指标，其值的大小直接关系到该地区经济状况是否能够支持数字化转型，因此本研究选用地区生产总值作为衡量区域数字化转型基础能力的指标之一。

光缆线路长度即截至计算年度，各区域内部所铺设的光缆线路的总长度，是反映地区光纤网络建设的重要指标之一。光缆铺设的广度和密度直接影响到区域网络通信的服务能力和质量，而数字化必须通过网络的高质量连接才能够实现，因此光缆线路长度是影响数字化转型基础能力的重要因素。

互联网普及率是指区域互联网用户数占常住人口总数的比例，反映一个国家或地区经常使用网络的人口情况，而域名数和网页数反映的是一个地区应用网络信息的频繁程度，也是数字化发展的基本要素。这三个指标通常用来衡量地区的信息化状况和发达程度。信息化的发展是数字化转型的基础，一个地区的信息化程度越高，其数字化转型的基础条件也就越完善，可能性也就越大。

2. 数据信息利用程度

信息与通信技术（Information Communication Technolog，ICT）专利占比是指一个地区当年 ICT 专利公开数占专利公开总数的比重，在一定程度上能够反映一个地区一定时期内信息通信技术的进步情况，是衡量地区最基本的数据应用能力的指标之一。但是由于 ICT 专利占比无法直接得出，因此本研究采用在国家专利局网站上查询的每年各区域 ICT 专利公开数与当年专利公开总数，将比值作为最终结果。需要注意的是，国家专利局网站上并无 ICT 行业的专项分类，本研究利用专利的 IPC 分类号，将涉及控制、调节、计算、推算、计数、核算装置、信号装置、信息存储和电学的相关专利均纳入 ICT 的计算范围。

信息传输、计算机服务和软件业占全社会固定资产投资比重能够反映一个地区一定时期内对数字信息产业的关注投资力度，是反映该区域对信息化、数字化的基本投资力度指标。软件业务收入和信息技术服务收入则反映了该区域利用信息数据开展相应业务所产生的收益，是衡量该地区对数据信息利用的直观体现。

4.1.2 产业发展能力

1. 企业信息化水平

信息化及电子商务企业数是指区域内企业接受并开展信息化、数字化升级的数量，能够反映该地区产业数字化转型的基本接受情况。信息化及电子商务企业数量的多少体现了一定时期内该地区愿意和已经进行数字化转型的企业的情况，为之后的产业数字化发展奠定良好的基础。

企业期末使用计算机数和企业每百人使用计算机数反映的都是企业应用信息技术的能力，其多少决定了企业进行数字化转型的设备基础。两者虽有类似却又有不同，前者仅考虑了企业使用计算机的总数，却忽略企业规模在其中的影响，而后者则将企业规模作为分母，消去了企业规模的影响，因此本研究将两者均纳入评价指标体系之内。同理，将企业拥有网站数和每百家企业拥有网站数也作为反映该地区企业进行数字化转型的基础条件纳入指标体系之中，尽可能地保证指标体系的完整性。

2. 电子商务交易活性

电子商务交易活动企业数是指该地区存在电子商务交易的企业个数，体现了该地区利用信息技术进行生产经营的状况，其数量越多表明该地区电子商务交易的活性越强，其推动产业进行数字化发展的能力也就越强。

电子商务销售额和电子商务采购额属于同一组数据，前者反映了区域电子商务交易可获得收益的多少，后者则反映了该地区同其他地区进行电子商务往来交易的情况，两者放在一起比较可以反映该地区在一定时期内的电子商务交易活跃度。

4.1.3 金融普惠能力

依赖信息技术、大数据技术和云计算等的创新性数字金融在数字化转型的浪潮中崭露头角，对传统的普惠金融的触达和服务范围做了进一步的扩展。数字金融通过信息化技术及数字金融产品创新，降低了金融服务的成本，扩大了金融服务的覆盖范围，本研究所探究的区域数字化转型金融普惠能力主要参考北京大学数字金融研究中心研究的北京大学数字普惠金融指数，将数字普惠金融划分为数字普惠金融覆盖广度、数字普惠金融使用深度、普惠金融数字化程度三个维度。

其中，数字普惠金融覆盖广度主要通过支付宝应用的覆盖程度来进行衡量；数字普惠金融使用深度主要通过支付宝支付、基金、信贷、保险、投资、信用业务的应用情况进行测算；而普惠金融数字化程度则是考察移动支付的实惠化、信用化、便利化程度。

4.1.4 政务服务能力

在数字信息技术不断发展的新时代背景下,政府工作也需要探索适应新时代社会经济健康发展的治理模式,运用互联网技术和信息化手段开展工作,实现政府的网络信息化、政务公开化,提高效率、增强政府透明度,以不断提升电子政务服务水平,这也是体现地区在战略上对数字化转型的高度重视的标准之一。本研究采用的区域政务服务能力模型参考国家行政学院电子政务研究中心在联合国电子政务调查评估(EGDI)框架下的调查评估结果,将其分为服务方式完备度、服务事项覆盖度、办事指南准确度、在线服务成熟度四个方面的指数对政务服务能力进行衡量。

其中,服务方式完备度指数衡量政务服务的"可达性",即服务信息是否方便快捷、触手可及;服务事项覆盖度指数评估政务服务的"可见性",即办事流程是否清晰可见,办事指南是否正式标准;办事指南准确度指数评价政务服务的"可用性",即信息公布是否准确无误、明确无歧义、通透好理解;在线服务成熟度指数则是反映政务服务的"可办性",即能否在线一站式办理好所需事项,简化办事流程。

4.2 京津冀区域数字化转型程度模型

数字化转型程度受到区域的基础设施完善程度、数字化业务开展程度、技术资金多方面因素的影响,而目前对区域数字化转型程度的测算并没有一个相当完善和准确的指标体系。主成分分析法在选定指标和确定权重方面有着极大的优势,采用主成分分析法进行区域数字化转型程度的评价可以帮助本研究完成拟定相关指标、确定相关权数的基本工作,且其权数是通过矩阵变换和计算产生的,而非人为确定,相对来说较为客观。因此,本研究在分析了国内外相关研究文献后,结合前人的研究成果,利用主成分分析法构建了评价区域数字化转型程度的指标体系,并对京津冀区域数字化转型程度进行了测算。需要特别注意的是,由于本研究所选用的数据为2014—2020年的面板数据,就目前来说,并没有针对面板数据进行主成分分析的有效方法,因此本研究借鉴王鹏(2014)的研究,将原有面板数据按时间维度进行了划分,对每个时间维度上的数据进行主成分分析,同时为保证主成分分析的合理性,均进行KMO(Kaiser-Meyer-Olkin)检验统计量检验,最终得出计算结果。

4.2.1 主成分分析

在科学研究中,围绕每一个问题可能会提出很多相关的变量,有利于更宏观、更全面地分析问题,这些变量都在不同程度上反映出这个问题的某些信息,但是"多则难聚",变量数量多则不利于发现主要问题,且分析过程的难度和复杂性也会呈几何级上升。主成分分析法可以有效规避这种矛盾,对变量进行重新组合,根据实际需求提取主要综合变量,并不影响因果效应的分析。

主成分分析是在保持样本总方差不变的前提下,按照方差递减依次选取出主成分的一种比较成熟的多元统计分析方法,能在评价过程中最大限度地避免研究人员的主观影响。因此,本研究选取主成分分析法对评价指标进行降维处理,通过计算各个主成分得分,最终计算各评价对象的综合主成分得分。

主成分分析的数学模型如下:假设存在 n 个样本,p 个指标 x_1,x_2,x_3,$\cdots$,x_p 的问题($n>p$),得到来自这 n 个样本的变量观测值,形成原始数据矩阵 X 如下:

$$X = \begin{bmatrix} x_{11} & x_{12} & \cdots & x_{1p} \\ x_{21} & x_{22} & \cdots & x_{2p} \\ \vdots & \vdots & & \vdots \\ x_{n1} & x_{n2} & \cdots & x_{np} \end{bmatrix} \quad (4-1)$$

但是，在实际分析过程中，本研究所选用的数据指标往往是不同类别或不同性质的，这些数据无法放在同一个模型里进行演算，因此，在进入正式分析前，需要对这些数据指标进行标准化处理。变量标准化的公式为

$$X_{ij}^* = \frac{x_{ij} - \bar{x}_j}{\sqrt{var(x_j)}} \quad i = 1, 2, \cdots, n; \ j = 1, 2, \cdots, p \quad (4-2)$$

为了方便起见，数据标准化后的矩阵仍用式（4-1）的 X 记录，然后将 $X = (x_1, x_2, x_3, \cdots, x_p)'$ 的 p 个变量合成 q 个新变量，新的综合变量可以由原来的变量 $x_1, x_2, x_3, \cdots, x_p$ 线性表示，即

$$y_1 = u_{11}x_1 + u_{12}x_2 + \cdots + \frac{1}{2}u_{1p}x_p \quad (4-3)$$

$$y_2 = u_{21}x_1 + u_{22}x_2 + \cdots + u_{2p}x_p \quad (4-4)$$

$$y_q = u_{q1}x_1 + u_{q2}x_2 + \cdots + u_{qp}x_p \quad (4-5)$$

并且满足

$$u_{k1}^2 + u_{k1}^2 + \cdots + u_{k1}^2 = 1 \quad k = 1, 2, \cdots, q \quad (4-6)$$

其中，$y_1, y_2, \cdots, y_q$ 在总方差中所占的比例依次减小。一般来说，在研究中选取前几位方差占比较大的作为主成分进行分析和探究，目的是简化研究系统，综合实际数据找出主要影响因素。

4.2.2 数据的无量纲化处理

在进行主成分分析前通常需要对原始数据进行无量纲化处理，以减小各指标间的数量级差异。现有的无量纲化方法众多，但由不同无量纲化方法得到的主成分分析结果差异很大，在考虑了变异性、差异性、稳定性三大无量纲化的原则之后，本研究借鉴高晓红、李

兴奇（2020）对主成分分析无量纲化的研究成果，采用均值化方法进行计算，计算公式为

$$Z_{ij} = \frac{x_{ij}}{\bar{x}_j} \qquad (4-7)$$

$$\bar{x}_j = \frac{1}{m}\sum_{j=1}^{m} x_{ij} \qquad (4-8)$$

4.3 影响京津冀区域数字化转型因素的测算结果分析

通过对京津冀区域数字化转型程度的四个维度的多项指标进行降维，分别得出各个维度的综合指数，以最少的信息损失量换取包含主要信息的简化结构，并采用SPSS20.0软件对区域数字化转型程度指标体系下基础转型能力、产业发展能力、金融普惠能力和政务服务能力分别运用主成分分析方法进行测算，最后得到指标综合得分。数据来源于《中国统计年鉴》、历年政府网上政务服务能力调查评估报告，考虑到数据的时效性和代表性，本研究以2018年数据为例展示成分得分系数矩阵。

4.3.1 基础转型能力

基础转型能力指标如表4-2所示。

表4-2 基础转型能力指标

一级指标	二级指标	三级指标	变量
基础转型能力	基础设施完善程度	地区生产总产值（亿元）	x_1
		光缆线路长度（千米）	x_2
		互联网普及率（%）	x_3
		域名数（万个）	x_4
		网页数（万个）	x_5

续表

一级指标	二级指标	三级指标	变量
基础转型能力	数据信息利用程度	ICT专利占比（%）	x_6
		信息传输、计算机服务和软件业占全社会固定资产投资比重（%）	x_7
		软件业务收入（万元）	x_8
		信息技术服务收入（万元）	x_9

将所有特征值大于1的成分作为主成分进行提取，提取出2个主成分且计算得出2个主成分的方差累计贡献度达到83.552%，由此可见，2个主成分涵盖了原变量的信息，足以代替原变量。基础转型能力成分得分系数矩阵如表4-3所示。

表4-3 基础转型能力成分得分系数矩阵

指标	成分	
	1	2
地区生产总产值	-0.095	-0.358
光缆线路长度	-0.186	0.406
互联网普及率	0.218	0.072
域名数	0.085	0.143
网页数	0.190	0.004
ICT专利占比	0.241	0.103
信息传输、计算机服务和软件业占全社会固定资产投资比重	0.279	-0.175
软件业务收入	0.075	0.183
信息技术服务收入	0.126	0.116

根据表4-3的成分得分系数矩阵可以将主成分表达为

$$Y_1 = -0.095x_1 - 0.186x_2 + 0.218x_3 + 0.085x_4 \\ + 0.190x_5 + 0.241x_6 + 0.279x_7 \\ + 0.075x_8 + 0.126x_9 \tag{4-9}$$

$$Y_2 = -0.358x_1 + 0.406x_2 + 0.072x_3 + 0.143x_4$$
$$+ 0.004x_5 + 0.103x_6 - 0.175x_7 \qquad (4\text{-}10)$$
$$+ 0.183x_8 + 0.116x_9$$

将各变量值代入式（4-9）、式（4-10）中，可以得出两个主成分值 Y_1、Y_2，根据主成分的特征值和贡献率可以得出各主成分的权重，即每个主成分对应的特征值占所提取的主成分特征值之和的比例，则其综合得分为

$$Y = \frac{5.673}{5.673 + 1.883}Y_1 + \frac{1.883}{5.637 + 1.883}Y_2 \qquad (4\text{-}11)$$

京津冀各地区历年基础转型能力得分情况如表4-4所示。

表4-4 京津冀各地区历年基础转型能力得分情况

地区	2014年	2015年	2016年	2017年	2018年	2019年	2020年
北京	3.739	4.063	3.839	3.650	3.473	3.586	3.689
天津	0.969	0.686	0.730	0.694	0.625	0.864	0.936
河北	0.582	0.648	0.669	0.716	0.720	0.853	0.879

由于表格数据不够直观，因而本研究将数据导入形成折线图展示京津冀各地区基础转型能力的变化，如图4-1所示。

从图4-1中可以看出，三地的基础转型能力存在较大的空间差异。北京的基础转型能力遥遥领先于河北和天津，具有明显的基础能力优越性；河北与天津的基础转型能力相对较弱，具有较大的增长空间。

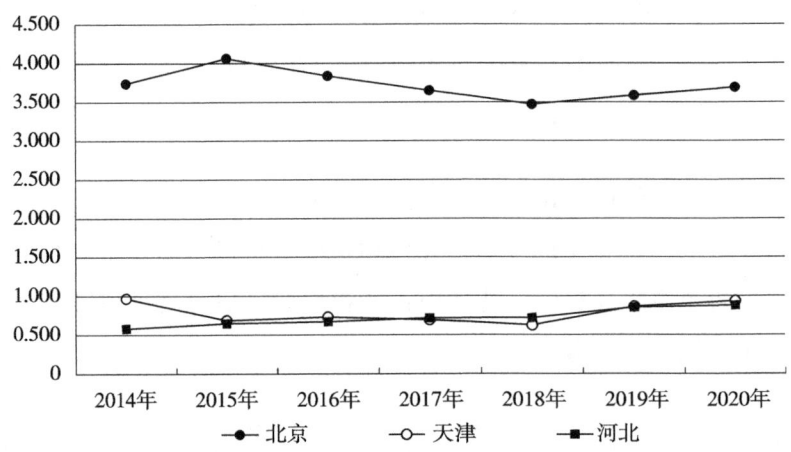

图 4-1　京津冀各地区历年基础转型能力得分折线图

4.3.2　产业发展能力

产业发展能力指标如表 4-5 所示。

表 4-5　产业发展能力指标

一级指标	二级指标	三级指标	变量
产业发展能力	企业信息化水平	信息化及电子商务企业数（个）	x_{10}
		企业期末使用计算机数（台）	x_{11}
		企业每百人使用计算机数（台）	x_{12}
		企业拥有网站数（个）	x_{13}
		每百家企业拥有网站数（个）	x_{14}
	电子商务交易活性	有电子商务交易活动企业数（个）	x_{15}
		电子商务销售额（亿元）	x_{16}
		电子商务采购额（亿元）	x_{17}

将所有特征值大于 1 的成分作为主成分进行提取，提取出 2 个主成分且计算得出 2 个主成分的方差累计贡献度达到 88.558%，由此可见，2 个主成分涵盖了原变量的信息，足以代替原变量。产业发展能力成分得分系数矩阵如表 4-6 所示。

表 4-6 产业发展能力成分得分系数矩阵

指标	成分	
	1	2
信息化及电子商务企业数	0.295	-0.173
企业期末使用计算机数	0.163	0.071
企业每百人使用计算机数	-0.254	0.531
企业拥有网站数	0.279	-0.134
每百家企业拥有网站数	-0.025	0.239
有电子商务交易活动企业数	0.242	-0.076
电子商务销售额	0.041	0.243
电子商务采购额	0.027	0.263

根据表 4-6 的成分得分系数矩阵可以将各主成分表达为

$$Y_1 = 0.295x_{10} + 0.163x_{11} - 0.254x_{12} + 0.279x_{13} \\ - 0.025x_{14} + 0.242x_{15} + 0.041x_{16} + 0.027x_{17} \tag{4-12}$$

$$Y_2 = -0.173x_{10} + 0.071x_{11} + 0.531x_{12} - 0.134x_{13} \\ + 0.239x_{14} - 0.076x_{15} + 0.243x_{16} + 0.263x_{17} \tag{4-13}$$

将各变量值代入式（4-12）、式（4-13）中，可以得出两个主成分值 Y_1、Y_2，根据主成分的特征值和贡献率可以得出各主成分的权重，即每个主成分对应的特征值占所提取的主成分特征值之和的比例，则其综合得分为

$$Y = \frac{5.579}{5.579 + 1.505}Y_1 + \frac{1.505}{5.579 + 1.505}Y_2 \tag{4-14}$$

京津冀各地区历年产业发展能力得分情况如表 4-7 所示。

表 4-7 京津冀各地区历年产业发展能力得分情况

地区	2014 年	2015 年	2016 年	2017 年	2018 年	2019 年	2020 年
北京	1.624	1.598	1.645	1.889	1.822	1.896	1.987
天津	0.468	0.505	0.468	0.423	0.416	0.564	0.632
河北	0.679	0.629	0.684	0.718	0.649	0.853	0.979

由于表格数据不够直观,因而将数据导入形成折线图展示京津冀各地区产业发展能力的变化,如图 4-2 所示。

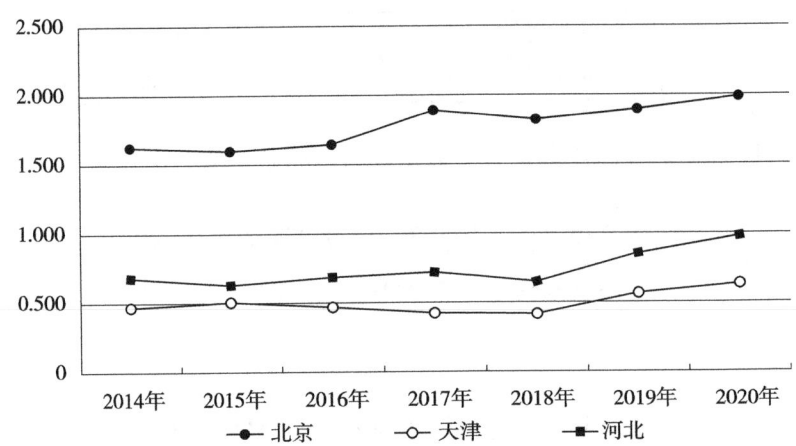

图 4-2 京津冀各地区历年产业发展能力得分折线图

从图 4-2 中可以看出,北京地区的产业发展能力明显高于天津和河北,三地的产业发展能力都有不同程度的增长,但增长速度比较缓慢,特别是天津和河北,具有较大的增长空间。

4.3.3 金融普惠能力

金融普惠能力指标如表 4-8 所示。

表 4-8 金融普惠能力指标

金融普惠能力	数字普惠金融覆盖广度	x_{18}
	数字普惠金融使用深度	x_{19}
	普惠金融数字化程度	x_{20}

将所有特征值大于 1 的成分作为主成分进行提取,提取出 1 个主成分且计算得出 1 个主成分的方差累计贡献度达到 72.282%,由此可见,1 个主成分涵盖了原变量的信息,足以代替原变量。金融普惠能力成分得分系数矩阵如表 4-9 所示。

表 4-9 金融普惠能力成分得分系数矩阵

指标	成分
	1
数字普惠金融覆盖广度	0.432
数字普惠金融使用深度	0.451
普惠金融数字化程度	-0.321

根据表 4-9 的成分得分系数矩阵可以将各主成分表达为

$$Y_1 = 0.432x_{18} + 0.451x_{19} - 0.321x_{20} \qquad (4-15)$$

将各变量值代入式 (4-15) 中,可以得出一个主成分值 Y_1,根据主成分的特征值和贡献率可以得出各主成分的权重,即每个主成分对应的特征值占所提取的主成分特征值之和的比例,则其综合得分为

$$Y = \frac{2.168}{2.168}Y_1 \qquad (4-16)$$

京津冀各地区历年金融普惠能力得分情况如表 4-10 所示。

表 4-10　京津冀各地区历年金融普惠能力得分情况

地区	2014 年	2015 年	2016 年	2017 年	2018 年	2019 年	2020 年
北京	0.914	0.795	0.949	1.426	1.530	1.596	1.687
天津	0.655	0.561	0.738	1.243	1.306	1.417	1.520
河北	0.422	0.403	0.606	1.121	1.126	1.263	1.308

由于表格数据不够直观，因而本研究将数据导入形成折线图，以展示京津冀各地区金融普惠能力的变化情况，如图4-3所示。

从图4-3中可以很明显地看出，三地在2017年和2018年的金融普惠能力取得了长足进步，而2014年、2015年和2016年的数字金融普惠能力差别不大。究其原因可能是2014年电子支付等数字金融方式刚刚出现，普及化程度不高，2017年以后，更多的人意识到数字金融的优点，数字金融大爆发，但显而易见，数字金融普惠能力得分持续增加。同样从线条的走势可以看出，虽然京津冀各地区在各个年度的差异较大，但是金融普惠能力线条的趋势走向几乎不变，这也意味着，京津冀区域内数字金融普惠能力在各地区之间几乎是同步增长的。其中，北京作为我国的经济金融中心，其数字金融普惠能力一直处于领先地位。

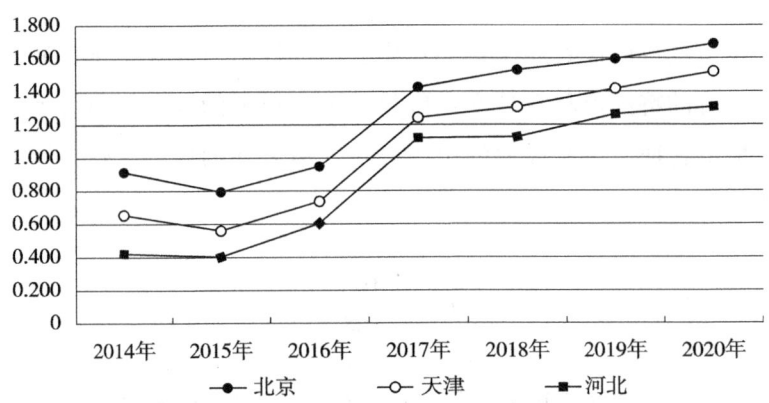

图 4-3　京津冀各地区历年金融普惠能力得分折线图

4.3.4 政务服务能力

政务服务能力指标如表 4-11 所示。

表 4-11 政务服务能力指标

政务服务能力	服务方式完备度指数	x_{21}
	服务事项覆盖度指数	x_{22}
	办事指南准确度指数	x_{23}
	在线服务成熟度指数	x_{24}

将所有特征值大于 1 的成分作为主成分进行提取，提取出 1 个主成分且计算得出 1 个主成分的方差累计贡献度达到 68.794%，由此可见，1 个主成分涵盖了原变量的信息，足以代替原变量。政务服务能力成分得分系数矩阵如表 4-12 所示。

表 4-12 政务服务能力成分得分系数矩阵

政务服务能力	成分
	1
服务方式完备度指数	0.360
服务事项覆盖度指数	0.384
办事指南准确度指数	-0.290
在线服务成熟度指数	0.239

根据表 4-12 的成分得分系数矩阵可以将各主成分表达为

$$Y_1 = 0.360x_{21} + 0.384x_{22} - 0.290x_{23} + 0.239x_{24} \quad (4-17)$$

将各变量值代入式（4-17）中，可以得出一个主成分值 Y_1，根据主成分的特征值和贡献率可以得出各主成分的权重，即每个主成分对应的特征值占所提取的主成分特征值之和的比例，则其综合得分为

$$Y = \frac{2.387}{2.387}Y_1 \qquad (4\text{-}18)$$

京津冀各地区历年政务服务能力得分情况如表 4-13 所示。

表 4-13 京津冀各地区历年政务服务能力得分情况

地区	2014 年	2015 年	2016 年	2017 年	2018 年	2019 年	2020 年
北京	0.259	1.213	1.211	1.287	1.198	1.426	1.587
天津	0.228	1.172	1.103	1.186	1.091	1.217	1.426
河北	0.227	1.075	1.129	1.156	1.159	1.363	1.408

由于表格数据不够直观，因而本研究将数据导入形成折线图，以展示京津冀各地区的政务服务能力的变化情况，如图 4-4 所示。

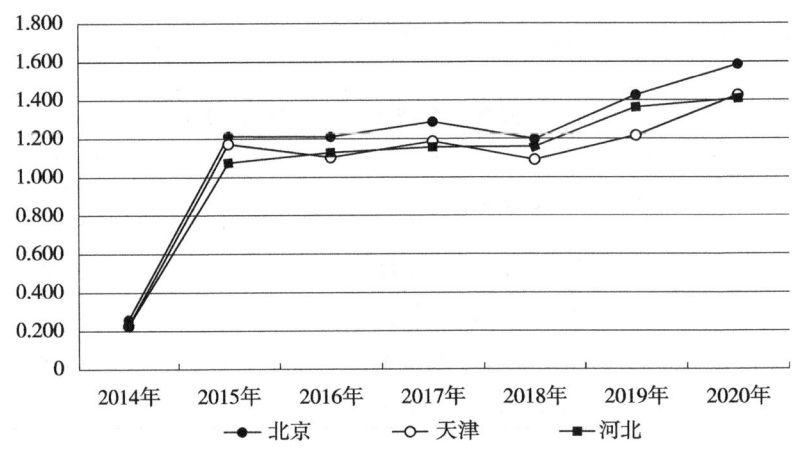

图 4-4 京津冀各地区历年政务服务能力得分折线图

从图 4-4 中可以很清晰地看出，2014 年各地区的政务服务能力得分较低，说明 2014 年各地区网上政务服务水平不高，尤其与之后 6 年相比水平差距较大，究其原因，一种可能是刚刚开始使用该指标评价网上政务服务能力，其数据信息搜集并不完善；另一种可能是各地区政府于 2014 年刚刚开始网上政务服务，其水平较为低下，还处于发展的萌芽阶段。2015—2020 年，图 4-4 中的线条交错分布，总体上呈现上升趋势，这是京津冀一体化不断深入推进的结果。

4.3.5 数字化转型程度总体指标

数字化转型程度总体指标如表 4-14 所示。

表 4-14 数字化转型程度总体指标

数字化转型程度	基础转型能力	Bta
	产业发展能力	Idc
	金融普惠能力	Fic
	政务服务能力	Gsa

将所有特征值大于 1 的成分作为主成分进行提取，提取出 1 个主成分且计算得出 1 个主成分的方差累计贡献度达到 69.198%，由此可见，1 个主成分涵盖了原变量的信息，足以代替原变量。数字化转型程度成分得分系数矩阵如表 4-15 所示。

表 4-15 数字化转型程度成分得分系数矩阵

数字化转型程度	成分
	1
基础转型能力	0.325
产业发展能力	0.324
金融普惠能力	0.323
政务服务能力	0.214

根据表 4-15 的成分得分系数矩阵可以将各主成分表达为

$$Y_1 = 0.325Bta_1 + 0.324Idc_2 + 0.323Fic_3 + 0.214Gsa_4 \tag{4-19}$$

将各变量值代入式（4-19）中，可以得出一个主成分值 Y_1，根据主成分的特征值和贡献率可以得出各主成分的权重，即每个主成

分对应的特征值占所提取的主成分特征值之和的比例,则其综合得分为

$$Y = \frac{2.768}{2.768}Y_1 \qquad (4-20)$$

京津冀各地区历年数字化转型程度总体指标得分情况如表 4-16 所示。

表 4-16 京津冀各地区历年数字化转型程度总体指标得分情况

地区	2014 年	2015 年	2016 年	2017 年	2018 年	2019 年	2020 年
北京	2.092	2.279	2.251	2.412	2.188	2.426	2.687
天津	0.725	0.814	0.839	0.991	0.892	0.996	1.125
河北	0.579	0.767	0.851	1.049	0.978	1.063	1.108

由于表格数据不够直观,因而将数据导入形成折线图展示京津冀各地区的数字化转型程度的变化,如图 4-5 所示。

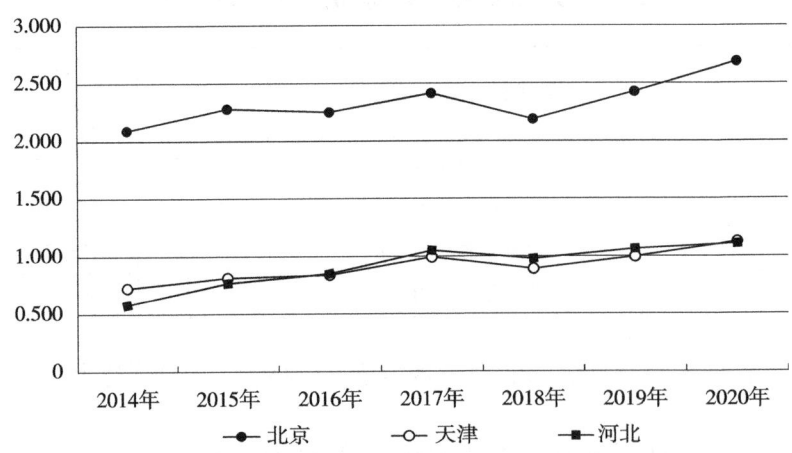

图 4-5 京津冀各地区历年数字化转型程度总体指标得分折线图

从图 4-5 中可以看出,京津冀数字化转型程度总体上呈现逐年上升的态势,这说明,七年来,京津冀地区在数字化转型方面的努

力取得了较大的成效，具体反映在京津冀各地的数字化转型程度评分上，表明京津冀区域对数字化转型相当重视，积极推进区域数字化转型工作，数字化转型前景向好。北京数字化转型程度遥遥领先，在数字化转型中处于领跑者地位，天津、河北两地的发展势头良好，特别是随着京津冀一体化的进程，后续发展速度会较大提升。

4.4 本章小结

通过对京津冀区域内各地区数字化转型程度的基础转型能力、产业发展能力、金融普惠能力和政务服务能力四个维度的指标进行测算，并对其结果进行分析。结果表明，2014—2020年京津冀区域各地区的数字化转型发展态势良好，其进程不断推进，各省市对数字化转型极为重视，所采取的一系列措施能够推动区域数字化转型的发展。

从转型基础能力来看，三地差距较大，北京处于绝对的优势地位，天津和河北相对较弱。从产业发展能力来看，北京地区明显高于天津和河北地区，三地都有不同程度的增长，但增长速度比较缓慢，特别是天津和河北，具有较大的增长空间。从金融普惠能力来看，各地区的波动幅度较为平缓，增长几乎同步。从政务服务能力来看，三地的网上政务服务都得到了明显的提升，数字政务服务平台的搭建对政务服务能力的提升起到了极大的推动作用。

第 5 章 京津冀产业联动升级的多维度影响因素探究

京津冀产业联动升级涉及"行业→产业→城市→区域"多层面、多环节，受到多维度内部或外部因素的影响。在京津冀一体化向纵深推进的背景下，推动产业联动升级是优化经济结构与实现区域现代化治理体系和能力的重要内容。基于京津冀各地资源禀赋、社会经济发展及产业动力等层面的差异性，不同要素对产业联动升级的作用方向和影响机制各异。因此，对影响产业联动升级的因素进行系统梳理和多维探究，能够充分识别和厘清产业联动升级的关键驱动要素，是有效分析京津冀产业联动升级提升路径和指导驱动措施有序实施的重要前提，是推动区域产业向高层次、高质量升级的重要环节，也是探究京津冀区域数字化转型与产业联动升级机制的重要内容。

5.1 概述

以多主体、多层次为特征的产业联动升级，优化产业承接与对接，是实现京津冀一体化发展的重要内容，在京津冀产业发展及协同进程中扮演着重要角色，也是新时期动能转换、质量提升的强劲动力与核心要求。当前随着高新技术在京津冀区域的广泛渗透与有效承接,数字化等新领域的开发与应用,成为有效推动产业链攀升的关键。2020年,党的十九届五中全会进一步强调了推进数字智能及加快促进新兴高新技术产业发展在推动经济体系优化升级中的重要作用。

随着社会经济的发展、信息技术的革新与生产要素市场化的深入,各地区产业联动升级路径逐步向多元化方向发展。基于熊彼特的"循环之流"理论,产业联动升级路径的探究,应包含两个层面。一是从约束因素入手,挖掘约束机制;二是明确目标,优化升级方向和维度(张永恒等[①],2018)。因而,对产业联动升级影响因素作用机理的有效探究,是分析不同条件下产业联动升级路径的基础和关键。就可查阅文献而言,学者们从不同视角考量了产业联动升级的影响因素,并探讨了其影响机理。Humphrey[②](2000),Jaakko Simonen, et al.[③](2015)、王敏等[④](2020)系统地验证了不同因素对产业联动升级的影响效应,但上述研究多以技术创新等单因素分析为主,在综合考虑内在驱动、外在约束和持续动力等要素的影响机制方面鲜有涉及。产业联动升级是产业结构优化调整及产业内部质量提升两者间纵深融合、协调互促的演进过程,是多层面要素共同驱动影响的结果。

在研究方法方面,现有研究多侧重于探究变量之间的线性作用关系,能够较为直观地反映各要素对产业联动升级的影响机制,然而,在京津冀区域协同发展战略的有效推进下,产业联动升级具有

---

① 张永恒,郝寿义.高质量发展阶段新旧动力转换的产业优化升级路径[J].改革,2018(11):30-39.

② Humphrey. Predicting the Emergence of Innovation from Technoligical Covergence: Lessons from the Twentieth Century [J]. Journal of macromarketing, 2008 (2): 157-168.

③ Jaakko Simonen, Rauli S, Artti J. Specialization and Diversity as Drivers of Economic Growth: Evidence from High-tech Industries [J]. Regional science, 2015, 94 (2): 229-247.

④ 王敏,李亚非,马树才.智慧城市建设是否促进了产业结构升级[J].财经科学,2020(12):56-71.

加强产业承接与协同的多重属性和目标，具有一定的空间联动辐射机制，存在一定的溢出效应。局限于面板线性模型下的影响效应研究，极易造成忽略其空间异质性的错误设定，从而导致对作用机理的错误估计，更不能有效地研判区域内各地产业联动升级的空间溢出效应。进一步从空间层面探究各影响因素对京津冀区域产业联动升级的直接与间接传导机制，有助于深入剖析其产业联动升级的空间特征与作用机理，使测度结果更具有效性和适应性。因此，本研究以多维度影响因素为探究切入点，在考虑空间溢出效应的基础上，多视角探讨京津冀产业联动升级的路径。基于对产业联动升级效果提升内涵的界定和综合测度方法的设计，从综合视角来看，产业联动升级包含产业结构优化调整和产业内部质量提升双重维度，而该不同层面的演进受诸多因素的影响，针对武晓霞[1]（2014）、章文光等[2]（2018）、王兰平等[3]（2020）的研究成果，本研究认为可将影响产业联动升级的因素归纳为外在约束、内在要求和持续动力三个方面。

考虑京津冀产业联动升级效果提升对产业内部发展特征及外部宏观经济环境的依赖性，在探究影响因素时，本研究从内在要求、外在约束和数字驱动三个方面对产业联动升级的影响效应进行检验和评估。以多因素为研究视角，通过引入空间杜宾模型（Spatial Dubin Model，SDM）进行空间溢出效应研判并作进一步分解分析，更为有效地剖析了对产业联动升级的非线性影响关系及其异质性特征。

---

[1] 武晓霞. 省际产业结构升级的异质性及影响因素：基于1998年—2010年28个省区的空间面板计量分析 [J]. 经济经纬, 2014, 31 (1)：90-95.

[2] 章文光, 王耀辉. 哪些因素影响了产业升级：基于定性比较分析方法的研究 [J]. 北京师范大学学报（社会科学版）, 2018 (1)：132-142.

[3] 王兰平, 王昱, 刘思钰, 等. 金融发展促进产业结构升级的非线性影响 [J]. 科学学研究, 2020, 38 (2)：239-251.

5.2 基于内在要求的产业联动升级影响因素

5.2.1 基于内在要求的影响机制模型构建

1. 变量设定

(1) 被解释变量。

产业联动升级效果（$ITUE$）：从产业间结构优化和产业内部效率提升两个维度，对京津冀各地区产业联动升级效果进行刻画。

(2) 解释变量。

劳动力水平（Lab）：作为产业发展的核心要素之一，劳动力水平的提升和人力发展潜力的充分发挥是实现效率提升和产业高质量发展的核心内容（解晋[①]，2019）。教育体系的不断完善和发展既是人才培养、技术交流的有效方式，也是提升各地区人力资本水平的关键，有助于产业升级进程中要素配置效率的提高（袁航等[②]，2018），因此教育水平是客观表征劳动力发展水平的合理途径，也是提高专业技术人才建设与经济发展深度融合的重要基石。京津冀作为我国高等教育的重要区域，特别是北京市承载了一大批优秀人才培育院校和基地，为京津冀产业发展提供源源不断的动力。基于此，使用各地区高等院校在校人数占常住人口总数的比重能够刻画京津冀劳动力水平，探究其对产业联动升级的影响效应。

资本要素（Cap）：资本投资是工业转型乃至整个产业联动升级的主要源泉和重要支撑（孙早等[③]，2019），同样是产业部门的核心

[①] 解晋. 中国分省人力资本错配研究 [J]. 中国人口科学，2019 (6)：84-96，128.

[②] 袁航，朱承亮. 国家高新区推动了中国产业结构转型升级吗 [J]. 中国工业经济，2018 (8)：60-77.

[③] 孙早，刘李华. 资本深化与行业全要素生产率增长：来自中国工业 1990—2013 年的经验证据 [J]. 经济评论，2019 (4)：3-16.

投入要素之一。基于要素替代弹性理论，资本要素与劳动要素互为产业发展的重要内容。参考徐生霞等①（2020）、李世祥等②（2020）根据永续盘存法，测算京津冀各市的资本存量，并进一步以人均资本存量表示资本要素，探究影响产业联动升级的内在要素的作用机理。

技术创新（Ino）：随着对产业和经济高质量发展要求的持续深化，新时代背景下，我国产业发展逐渐由资本驱动向技术驱动转型。技术创新作为新时期动能转换、效率变革的核心动力，是我国经济高质高效发展、有序推进的关键所在，也是全球化发展格局中，提升产业价值链和国际竞争力的战略驱动因素。党的十九大报告中明确提出了以加快科技创新建设激发转型活力、推动现代化经济体系构建、持续增强全国经济创新活力和竞争力的战略规划。当前，京津冀各地区创新活力竞相迸发，其中北京是我国创新发展的高地。提升区域创新能力及创新要素的流动性，以促进产业价值链提升及社会经济发展，已成为各地区发展的共识与重点。专利是各地区微观和宏观双重层面表征技术创新的重要指标。区域创新具有多层次、多主体的特征，本研究以科技成果为导向，使用各地区专利授权数与 R&D 人员的比值，从创新结果视角反映京津冀技术创新发展水平。

2. 变量说明表

内在要求影响因素的描述性统计如表5-1所示。

---

① 徐生霞，刘强，姜玉英. 全要素生产率与区域经济发展不平衡：基于资本存量再测算的视角 [J]. 经济与管理研究，2020，41（5），64-78.

② 李世祥，王楠，吴巧生，等. 贫困地区能源与环境约束下经济增长尾效及其特征：基于中国21个省份2000~2017年面板数据的实证研究 [J]. 数量经济技术经济研究，2020，37（11）：42-60.

表 5-1　内在要求影响因素的描述性统计

变量类型	变量	符号	均值	标准差	中位数	最小值	最大值
被解释变量	产业联动升级	ITUE	7.57	1.15	7.31	5.42	11.60
解释变量	劳动力水平	Lab	0.03	0.01	0.02	0.01	0.09
	资本要素	Cap	8.64	8.15	6.47	0.46	50.50
	技术创新	Ino	0.63	0.07	1.08	0.03	10.46

资料来源：根据各地区相关统计年鉴 2004—2020 年面板数据整理计算。

基于内在要求层面，从劳动力水平、资本要素、技术创新三个方面实证分析其对京津冀产业联动升级效果的作用机制。使用的样本覆盖 2004—2020 年北京市、天津市和河北省内 11 个地级市，各变量根据各地区相关统计年鉴公布数据整理得来，并以 2003 年为基期，对相关数据进行了平减处理。

3. 模型构建

根据莫兰指数（Moran's I）对京津冀区域产业联动升级效果的空间相关性进行检验，验证了京津冀产业联动升级的空间溢出效应的显著性，并在此基础上，将研究扩展到空间计量模型，探究变量通过地市间关联交互而对产业联动升级产生的空间溢出效应，模型设定为空间杜宾模型（SDM）。空间杜宾模型既能够刻画被解释变量来自相邻空间的溢出效应，又可以反映解释变量的空间相关性，适用于对全局域空间溢出效应的研究[1]，模型设定为

$$ITUE_{jt} = \alpha_0 + \rho \sum_{i \neq j}^{n} W_{ij} ITUE_{jt} + \beta X_{jt} + \sigma \sum_{i \neq j}^{n} W_{ij} X_{jt} + \xi_{jt} \quad (5-1)$$

式中，α_0 是指空间滞后项，用于捕捉邻近区域的空间关联效应。j（$j=1,2,\cdots,J$）为研究市的个数。t（$t=1,2,\cdots,T$）为时期数。

---

[1] 许培源，刘雅芳. "一带一路"沿线国家恐怖活动对旅游业发展的影响 [J]. 经济地理，2020，40（3）：216-224.

$ITUE_{jt}$ 为京津冀区域内 j 市在第 t 年份的产业联动升级效果测度值。X_{jt} 为一系列影响因素组成的向量集，本研究中分别为内在要求因素：劳动力水平（Lab）、资本要素（Cap）、技术创新（Ino）。ρ 为产业联动升级的空间自回归系数，β 为不考虑空间效应的影响系数，σ 为各变量对产业联动升级效果空间影响作用的回归系数的集合。ξ_{jt} 为随机扰动项。

基于此，内在要求因素研究的空间杜宾模型可进一步表示为

$$ITUE_{jt} = \alpha_0 + \rho \sum_{i \neq j}^{n} W_{ij} ITUE_{jt} + \beta_1 Lab_{jt} + \beta_2 Cap_{jt} + \beta_3 Ino_{jt}$$
$$+ \sigma_1 \sum_{i \neq j}^{n} W_{ij} Lab_{jt} + \sigma_2 \sum_{i \neq j}^{n} W_{ij} Cap_{jt} + \sigma_3 \sum_{i \neq j}^{n} W_{ij} Ino_{jt} + \xi_{jt}$$
(5-2)

式中，β_1、β_2、β_3 分别为 Lab、Cap、Ino 不考虑空间效应的影响系数；σ_1、σ_2、σ_3 分别为对应的空间回归系数；其他变量与符号的含义同式（5-1）；W_{ij} 为空间权重矩阵中的元素，表示地市 i 和 j 间的空间关系。本研究旨在直观分析样本各市毗邻的空间溢出效应，使用空间地理距离权重矩阵表征，并进行标准化处理，计算方法为

$$W_{ij} = \begin{cases} \dfrac{1}{d_{ij}^2}, i \neq j \\ 0, i = j \end{cases}$$
(5-3)

式中，d_{ij} 为地市 i 和 j 间的距离，基于样本各市区间毗邻或相近的特性，使用最短距离进行表征，当 $i=j$ 时，记为 0。在此基础上构建空间自回归模型（Spatial Autoregressive Models，SAR）和空间误差模型（Spatial Error Models，SEM），与空间杜宾模型（SDM）的实证结果进行比较分析，分别如式（5-4）和式（5-5）所示：

$$ITUE_{jt} = \alpha_0 + \rho \sum_{i \neq j}^{n} W_{ij} ITUE_{jt} + \beta X_{jt} + \xi_{jt} \qquad (5-4)$$

$$ITUE_{jt} = \alpha_0 + \beta X_{jt} + u_{jt}, u_{jt} = \theta \sum_{i \neq j}^{n} W_{ij} u_{jt} + u_{jt} \qquad (5-5)$$

其中，SAR 模型仅考虑了被解释变量的空间溢出效应，SEM 模型中体现出了空间误差项对京津冀产业联动升级效果的影响。SDM 在一定条件下可进一步简化为 SAR 或 SEM。同样，内在要求视角下影响机制的 SAR 模型和 SEM 模型可进一步表示为

$$ITUE_{jt} = \alpha_0 + \rho \sum_{i \neq j}^{n} W_{ij} ITUE_{jt} + \beta_4 Lab_{jt} + \beta_5 Cap_{jt} + \beta_6 Ino_{jt} + \xi_{jt}$$
$$(5-6)$$

$$ITUE_{jt} = \alpha_0 + \beta_7 Lab_{jt} + \beta_8 Cap_{jt} + \beta_9 Ino_{jt} + u_{jt}, u_{jt} = \theta \sum_{i \neq j}^{n} W_{ij} u_{jt} + u_{jt}$$
$$(5-7)$$

式（5-6）和式（5-7）中，β_4、β_5、β_6 与 β_7、β_8、β_9 分别为 Lab、Cap、Ino 在 SAR 和 SEM 中的估计系数。

5.2.2 空间影响效应的分解

在对空间溢出效应进行探究的基础上，可进一步从变量的直接与间接效应层次进行剖析，能够更为全面、深入地诠释各层面因素对产业联动升级效果的空间传导机理与影响效应。因此，为有效评估各变量对产业联动升级的空间作用机理，基于偏微分的计算方法进行了空间效应的分解分析，以探究变量作用机制的直接与间接效应。空间效应偏微分计算方法如下：

$$\left[\frac{\partial Y}{\partial X_{1k}}\cdots\frac{\partial Y}{\partial X_{nk}}\right] = \begin{bmatrix} \frac{\partial Y_1}{\partial X_{1k}} & \cdots & \frac{\partial Y_1}{\partial X_{nk}} \\ \vdots & & \vdots \\ \frac{\partial Y_n}{\partial X_{1k}} & \cdots & \frac{\partial Y_n}{\partial X_{nk}} \end{bmatrix}$$

$$= (1-\rho W)^{-1} \begin{bmatrix} \beta_k & W_{12}\sigma_k & \cdots & W_{1n}\sigma_k \\ W_{21}\sigma_k & \beta_k & \cdots & W_{2n}\sigma_k \\ \vdots & \vdots & & \vdots \\ W_{n1}\sigma_k & W_{n2}\sigma_k & \cdots & \beta_k \end{bmatrix}$$

(5-8)

式（5-8）中，偏微分分解矩阵主对角线元素用以表征直接影响效应，非主对角线上元素用于反映间接效应。其中，Y 表示因变量，代表产业联动升级效果测度值（ITUE）；X 表示相应的影响因素。

5.2.3 影响机制的测度分析

首先，莫兰指数检验了被解释变量——产业联动升级的空间相关性[①]。基于此，对产业联动升级影响因素的空间作用机制进行深入分析，能够充分发挥各因素在京津冀产业联动升级中的重要作用。其次，运用沃尔德（Wald）检验与似然比（Likelihood Ratio，LR）检验，与空间自回归模型（SAR）和空间误差模型（SEM）进行比较分析，验证了空间杜宾模型（SDM）的适用性。

1. 内在要求的空间影响效应

表 5-2 展示了内在要求对产业联动升级的空间溢出效应估计结

---

① 根据测算结果，京津冀产业联动升级的效果在 2014—2020 年均存在空间相关性（5% 显著水平）。

果。从 SDM 模型的估计结果来看，在空间溢出效应方面，ρ 为被解释变量，即产业联动升级的空间自回归系数，在 1% 的显著水平下，空间自回归系数为 0.3208，体现了京津冀城市间产业联动升级效果具有显著的正向空间溢出效应，即一个地市的产业联动升级会对区域内其他市的产业联动升级产生作用。表明了在京津冀协同发展进程中，以产业联动升级推动区域整体产业联动转型升级是区域产业协同及高质量发展的重要引擎。产业结构的不断优化调整，向更高端层次迈进，产业生产效率稳步提升，区域内各市互相促进，空间溢出作用更为凸显。

第一，劳动力水平（Lab）对京津冀产业联动升级具有显著的正向促进作用，影响系数为 0.1118，且在 5% 的水平下显著，表明作为生产过程中的要素投入，随着劳动力水平的不断提高，对于京津冀产业联动升级具有较强的驱动效应。

第二，技术创新（Ino）对产业联动升级的正向作用显著，且存在一定的空间溢出效应。反映出在加快技术创新发展战略和布局进程中，存在城市间相互影响关系，即通过溢出作用机制推动京津冀区域产业联动升级效果的持续提升。在京津冀区域内，北京市核心技术研发及创新水平稳步提升，并以高新技术企业在津冀设立分支机构为契机，增强创新技术承接与对接，有效推动了创新的空间溢出效应，助推区域产业联动升级水平的多层次提升。

第三，资本要素（Cap）对京津冀产业联动升级的影响效应不显著，且不存在显著的空间溢出作用关系，进一步反映出京津冀区域产业发展已由资本驱动转向技术驱动，人均资本要素的累积是产业发展的基础，但产业联动升级进程的有序推进，更多依靠人力和技术水平的提升，导致基础支撑的作用关系不显著。

表 5-2 内在要求对产业联动升级的空间溢出效应估计结果

变量	符号	SDM	SAR	SEM
劳动力水平	Lab	0.1118** (0.0397)	0.0898** (0.0397)	0.1118** (0.0397)
资本要素	Cap	−0.0835 (0.0812)	−0.0161 (0.0596)	0.0097 (0.0812)
技术创新	Ino	0.7539** (0.0397)	0.8263*** (0.0397)	0.7962*** (0.0572)
W×劳动力水平	$W×Lab$	−0.0798 (0.1442)	—	—
W×资本要素	$W×Cap$	0.3402 (0.1482)	—	—
W×技术创新	$W×Ino$	0.4508** (0.1625)	—	—
常数项		0.1675** (0.0598)	0.1895*** (0.0167)	0.2927*** (0.0397)
空间自回归系数	ρ	0.3208*** (0.0887)	0.2312*** (0.0781)	—
空间误差系数	θ	—	—	0.3820** (0.1704)

注：***、**和*分别代表1%、5%和10%的显著水平。

2. 空间溢出效应分解分析

在对空间溢出效应进行考量与分析的基础上，为能够更为全面、深入诠释内在影响因素对产业联动升级的空间传导机理与影响效应，本研究根据式（5-5）偏微分计算的空间效应分解分析方法，从变量的直接与间接效应层次进行剖析。基于内在要求影响因素的空间溢出效应分解结果如表 5-3 所示。

表 5-3　基于内在要求影响因素的空间溢出效应分解结果

变量	符号	直接效应	间接效应	总效应
劳动力水平	Lab	0.1142*** (0.0425)	0.0502* (0.0397)	0.1648*** (0.0664)
资本要素	Cap	−0.0856 (0.0855)	−0.0378 (0.0442)	−0.1233 (0.1254)
技术创新	Ino	0.7716*** (0.0657)	0.3386** (0.1612)	0.1105*** (0.1893)

注：***、**和*分别代表1%、5%和10%的显著水平。

第一，直接效应方面。劳动力水平的直接影响效应为正，为0.1142，且在1%的水平下显著；技术创新同样表现为显著的正向促进直接影响效应。由此可以看出，在京津冀产业联动升级进程中，劳动力水平和技术创新提升的推动力较强。而资本要素的直接效应表现为不显著的负向作用机制，进一步反映出产业联动升级的结构和质量双重层面的优化及提升，更多源于科技人才和知识的累积，而非基础生产要素的累积，应更加注重对人力和技术的支持与培育，以改革创新为产业及经济发展的根本动力。

第二，间接效应方面。技术创新的正向间接效应较为显著，反映了技术创新存在一定的空间溢出效应，即技术创新不仅对本地的产业联动升级具有作用机制，而且通过知识溢出效应，有效影响了区域内其他城市的产业联动升级效果。劳动力水平的间接影响效应在10%的水平下显著，而资本要素的间接效应不显著，表明在样本期间内，由于区域资本基础和累积不均衡性的延续，以及地域发展竞争化的存在，导致省际毗邻及跨区界的资本辐射联动效应动力不足，未对周边地区产生显著的影响和带动作用。

第三，总效应方面。总效应是直接效应和间接效应综合作用的累积，其作用方向与直接效应一致。以上研究表明，技术创新和劳动力水平提升对区域产业联动升级的正向推动效应不仅存在直接的作用机制，而且还与周边其他地区形成协调共联功能，多层次、多方位促进京津冀产业发展。

5.3 基于外在约束的产业联动升级影响因素

外在约束是指影响产业联动升级效果提升的社会经济环境要素及外部条件。参考现有相关研究，本研究从城乡发展差距、基础设施建设和金融水平三个层面实证分析其对京津冀产业联动升级的影响机制。

5.3.1 基于外在约束的影响机制模型构建

1. 变量与数据

（1）被解释变量。

产业联动升级效果（$ITUE$）。

（2）解释变量。

城乡发展差距（Urg）：基于 W. Arthur Lewis[①]（1954）对二元经济结构的阐述，农业部门剩余劳动力向城市中工业部门迁移，增加农村劳动力收入、缩小城乡发展差距，是促进产业结构调整和发展的有效途径。此外，加快城乡融合发展进程，是优化区域空间布局的基础，能够有效调整要素供给和需求结构的变化，进而影响产业链的演进（胡立君等[②]，2019）。当前京津冀区域内，特别是河北省内各市与京津在城乡发展差距上，无论是在城镇化进程还是经济发展差异等方面，均存在一定的"鸿沟"问题，这些问题属于社会经济环境要素。因此，为有效探究城乡发展差距对京津冀区域产业联

---

① W. Arthur Lewis. Economic Development with Unlimited Supplies of Labour [J]. The Manchester School，1954，22（2）：139-191.

② 胡立君，郑艳. 中国收入差距与产业结构调整互动关系的实证分析 [J]. 宏观经济研究，2019（11）：63-73.

动升级效果提升的影响效应，本研究使用农村与城市居民人均消费水平之比衡量城乡发展差距。

基础设施建设（Inf）：基础设施对加强产业间要素流动具有重要的影响作用（Bendik Bygstad，Anaby[①]，2010；魏敏等[②]，2018）。交通基础设施作为各地区经济发展的主动脉，是促进行业间及地区间的知识与信息等资源互联互通的重要载体，为各地区经济联系提供了必要的基础保障。此外，基于新经济地理学理论，交通运输成本也是影响产业发展的重要因素。当前，京津冀区域内各市间地理区位形成了以北京、天津为两核的网络结构，空间距离较近，且相对于铁路等运输方式，公路交通在京津区域联系中发挥着重要的作用。基于此，本研究根据交通基础设施发展，即公路密度衡量京津冀区域内各市的基础设施建设发展水平，探究基础设施建设对产业联动升级的作用机制。

金融水平（Fin）：金融发展是促进投资、提高投资转换率、保证经济运行效率的重要载体，通过完善资本优化配置进一步影响资源配置效率的提高，在提升产业联动升级水平进程中发挥重要的支撑作用（Thorsten Beck[③]，2002；冯涛等[④]，2020）。此外，董嘉昌等[⑤]（2020）立足金融结构视角，验证了金融发展推动资本市场在技术变革及提升产业价值链，并进一步推动经济高质量发展中的重要作用。鉴于此，根据金融业产值占地区生产总值的比重对京

---

① Bendik Bygstad, Anaby Hans Petter. ICT Infrastructure for Innovation: A Case Study of the Enterprise Service Bus Approach [J]. Business, Computer Science · Information Systems Frontiers, 2010, 12 (3): 257-265.

② 魏敏, 李书昊. 新时代中国经济高质量发展水平的测度研究 [J]. 数量经济技术经济研究, 2018, 35 (11): 3-20.

③ Thorsten Beck. Financial Development and International Trade: Is There A Link? [J]. Journal of International Economics, 2002, 57 (1): 107-131.

④ 冯涛, 吴茂光, 张美莎. 金融发展、产业结构与城乡收入差距: 基于金融"脱实向虚"视角的分析 [J]. 经济问题探索, 2020 (10): 170-181.

⑤ 董嘉昌, 冯涛. 金融结构市场化转型对中国经济发展质量的影响研究 [J]. 统计与信息论坛, 2020, 35 (10): 34-41.

津冀各市的金融发展水平进行表征。基于外在约束影响因素的描述性统计如表5-4所示。

表5-4 基于外在约束影响因素的描述性统计

变量类型	变量	符号	均值	标准差	中位数	最小值	最大值
被解释变量	产业联动升级	ITUE	7.58	1.16	7.32	5.41	11.62
外在约束	城乡发展差距	Urg	1.96	1.63	1.68	0.00	7.38
	基础设施建设	Inf	1.08	0.34	1.08	0.36	1.75
	金融水平	Fin	0.06	0.05	0.04	0.01	0.26

资料来源：根据统计年鉴2006—2020年面板数据整理计算。

2. 模型构建

为深入探究基于外在约束的各因素对京津冀区域产业联动升级效果的影响机制，选择根据莫兰指数对产业联动升级效果的空间相关性进行检验，使用空间杜宾模型探究空间作用机制。外在约束层面空间杜宾模型设定为

$$ITUE_{jt} = \alpha_0 + \rho \sum_{i \neq j}^{n} W_{ij} ITUE_{jt} + \alpha_1 Urg_{jt} + \alpha_2 Inf_{jt} + \alpha_3 Fin_{jt} + \theta_1 \sum_{i \neq j}^{n} W_{ij} Urg_{jt} + \theta_2 \sum_{i \neq j}^{n} W_{ij} Inf_{jt} + \theta_3 \sum_{i \neq j}^{n} W_{ij} Fin_{jt} + \xi_{jt}$$

(5-9)

式中，α_1、α_2、α_3 分别为 Urg、Inf、Fin 不考虑空间效应的影响系数；θ_1、θ_2、θ_3 为对应的空间回归系数；其他变量与符号的含义同式(5-1)；W_{ij} 为空间权重矩阵中的元素，表征方法同式（5-3）。

此外，同样构建外在约束下的空间自回归模型和空间误差模型，与空间杜宾模型的实证结果进行比较分析，并进一步从变量空间溢出的直接与间接效应层次进行剖析。

5.3.2 基于外在约束的影响机制的测量分析

1. 外在约束的空间影响效应

在对内在约束的空间溢出效应进行系统探讨的基础上，探究基于社会经济环境要素及外部条件，从城乡发展差距、基础设施建设和金融水平三个层面，分别用空间自回归模型、空间误差模型和空间杜宾模型进行统计计算，考量各因素对京津冀产业联动升级效果的空间影响效应。外在约束对产业联动升级的空间溢出效应估计结果如表5-5所示。

表5-5 外在约束对产业联动升级的空间溢出效应估计结果

变量	符号	SDM	SAR	SEM
城乡发展差距	Urg	-0.0782* (0.0408)	-0.3195*** (0.0544)	-0.0087 (0.0343)
基础设施建设	Inf	0.0743* (0.0398)	0.1895*** (0.0502)	0.0464 (0.0362)
金融水平	Fin	0.8274** (0.0497)	0.8031*** (0.0515)	0.8082*** (0.0465)
W×城乡发展差距	$W \times Urg$	0.3462** (0.1149)	—	—
W×基础设施建设	$W \times Inf$	0.0012 (0.0778)	—	—
W×金融水平	$W \times Fin$	-0.6863*** (0.1625)	—	—
常数项		0.2982*** (0.0554)	0.2011*** (0.0219)	0.2977*** (0.0243)
空间自回归系数	ρ	0.3263** (0.0907)	0.1673* (0.0935)	—
空间误差系数	θ	—	—	0.5352*** (0.1028)

注：***、**和*分别代表1%、5%和10%的显著水平。

外在约束是产业发展及联动升级的基础条件，能够在一定程度上影响区域产业联动升级的效果。缩小城乡发展差距一直是我国区域协调发展及提升区域治理能力进程的核心内容。在京津冀协同发展战略的稳步深化进程中，各地市城乡发展差距明显缩小。在空间杜宾模型中，城乡发展差距对产业联动升级的作用系数为-0.0782，在10%的水平下显著，表明缩小城乡差距，振兴农业经济，有助于促进产业联动升级效果的提升，同时城乡发展差距的空间溢出效应也显著为负，这意味着，城乡差距的缩小不仅可以直接有效驱动产业联动升级，而且能通过空间溢出效应进一步对产业联动升级产生显著的促进作用。

基础设施建设（Inf），特别是交通基础设施，其一体化的迅速发展，如城际铁路和公路网的建设，在各地市产业要素集聚和吸引进程中发挥着重要的载体作用，对产业联动升级具有一定的促进作用。然而，其空间溢出效应不显著，这意味着，当前京津冀的交通网络发展尚未形成对周边城市产业联动升级的影响效应。

金融水平（Fin）的估计系数在5%的水平下显著，为0.8274，反映出金融发展在产业联动升级中的重要驱动作用，主要体现在：金融水平的提升不仅能够通过直接融资支持促进产业联动升级，而且能够基于融资约束为产业联动升级的技术支撑提供保障，但是，样本期间内，京津冀金融水平对产业联动升级效果的空间溢出效应显著为负。

此外，SAR中的估计结果表明了产业联动升级具有显著的空间作用机制。

2. 空间溢出效应分解分析

外在约束影响因素的空间溢出效应分解结果如表5-6所示。

表 5-6　外在约束影响因素的空间溢出效应分解结果

变量	符号	直接效应	间接效应	总效应
城乡发展差距	Urg	-0.3548*** (0.1195)	-0.1595* (0.0937)	-0.5146*** (0.1958)
基础设施建设	Inf	0.0762 (0.0795)	0.0348 (0.0408)	0.1103 (0.1184)
金融水平	Fin	-0.7016*** (0.1167)	-0.3156** (0.1452)	-0.0187*** (0.2253)

注：***、**和*分别代表1%、5%和10%的显著水平。

表 5-6 所示的外在约束影响因素空间溢出效应的分解结果表明，城乡发展差距的缩小不仅对本地的产业联动升级效果提升具有一定的促进作用，而且还会通过溢出效应显著影响邻近城市的产业联动升级。然而，以交通设施表征的基础设施建设的空间溢出影响效应分解结果均不显著，原因主要在于：以交通为载体能够有效促进产业部门生产劳动等要素流动、产业合作的交流和互融，但核心目的为促进本地的产业发展，其表现出的空间溢出效应在产业联动升级进程中尚未有效显现。

5.4　数字赋能条件下产业联动升级影响因素

当前，大量新业态的有序涌现为纵深产业联动升级的变革提供了重要支撑，特别是数字化技术渗透的应用。数据驱动新技术迭代与产业发展的广泛深度融合，逐步成为优化产业结构和提升发展质量的强劲动力。因此，本研究从数字化驱动的视角，进一步探究产业联动升级的影响因素。

5.4.1 数字化条件下影响机制的模型构建

1. 变量与数据

(1) 解释变量。数字化水平（Dig）：本研究以人均电信业务量表示的数字化水平表征影响产业联动升级的持续动力，以进一步探究其对京津冀产业联动升级的作用机制。数字化作为一种迅速发展的新兴技术和新型发展模式，是产业发展的持续动力。随着人工智能、大数据等技术的飞速发展与持续渗透，数字技术红利大规模释放，数字经济逐步成为优化产业结构和提升发展质量的新引擎及最为核心的增长极之一，数字化产业和产业数字化也逐步成为提升地区产业竞争力的重要内容。2020年，全国两会进一步强调了全面推进"互联网+"、打造数字化产业新优势在激发市场活力、增强发展新动能中的重要性。以数字化水平提升促进产业联动升级也是"十四五"时期经济发展的重要内容。

(2) 被解释变量。数字化条件下影响因素的描述性统计如表5-7所示。

表5-7 数字化条件下影响因素的描述性统计

变量类型	变量	符号	均值	标准差	中位数	最小值	最大值
被解释变量	产业联动升级	ITUE	7.57	1.15	7.36	5.47	11.65
解释变量	数字化水平	Dig	8.89	0.97	5.93	0.05	64.27

资料来源：根据统计年鉴2006—2020年面板数据整理计算。

2. 模型构建

运用空间杜宾模型探究数字驱动层面影响因素对京津冀区域产业联动升级效果的空间作用机制。模型设定为

$$ITUE_{jt} = \alpha_0 + \rho \sum_{i \neq j}^{n} W_{ij} ITUE_{jt} + \eta_1 Dig_{jt} + \eta_2 \sum_{i \neq j}^{n} W_{ij} Dig_{jt} + \xi_{jt} \quad (5-10)$$

式中，η_1、η_2 分别为数字化水平不考虑空间效应的影响系数和对应的空间回归系数；其他变量与符号的含义同式（5-1）；W_{ij} 为空间权重矩阵中的元素，表征方法同式（5-3）。此外，本部分也同样构建数字化驱动下的空间自回归模型和空间误差模型，与空间杜宾模型的实证结果进行比较分析，并进一步从变量空间溢出的直接与间接效应层面进行剖析。

5.4.2 数字化影响机制的测度分析

1. 数字化驱动下影响因素的空间作用机制

探究数字驱动因素的空间作用机制，以数字化水平为持续动力，从 SDM、SAR 和 SEM 分别估计数字化水平对产业联动升级的空间影响效应。持续动力对产业联动升级的空间影响效应如表 5-8 所示。

表 5-8 持续动力对产业联动升级的空间影响效应

变量	符号	SDM	SAR	SEM
数字化水平	Dig	0.8704** (0.0497)	0.8645*** (0.0634)	0.8002*** (0.0575)
W×金融水平	$W \times Fin$	0.2891*** (0.1114)	—	—
常数项	—	0.1832*** (0.0221)	0.1778*** (0.0129)	0.3621*** (0.0203)
空间自回归系数	ρ	0.2473*** (0.0907)	0.1343* (0.0765)	—
空间误差系数	θ	—	—	0.5362*** (0.1287)

注：***、**和*分别代表 1%、5% 和 10% 的显著水平。

综合表 5-8 的估计结果可以看出，数字化水平的提升是京津冀区域产业发展的重要动力，一方面，数字化对产业联动升级的回归系数在 5% 的水平下显著为正，作用大小为 0.8704，表现出较强的促进作用，反映出数字技术的持续渗透及与产业的融合发展，有效推动了产业的高质高效发展及结构优化。另一方面，数字化对产业的空间溢出效应估计系数通过了1%水平的显著性检验，意味着地区数字化发展对相邻城市产业联动升级效果的强化具有积极的作用，进一步表明了数字化水平的提升是有效推动"数字—产业—经济"三者加速融合及高质高效发展的关键，是强化区域产业发展、优化区域协调发展模式的重要内容。

2. 空间溢出效应分解分析

空间溢出效应分解结果表明，数字化水平的直接效应与间接效应均显著，表明数字化对产业联动升级的影响效应不仅体现在本地市，还通过空间溢出效应显著促进区域内其他地区的产业联动升级效果。这主要与数字技术特性及发展模式密切相关，数字技术基于流动的便捷性及沟通载体的广泛性，与产业有机融合，有效刺激了企业的技术更新和迭代，深化了数字化产业及产业数字化的发展进程，有效促进了产业生产效率的提升和产业链的攀升，同时也能够应对地区间信息不对称等问题。

因此，在促进京津冀产业联动升级的进程中，应持续不断强化数字技术发展迈上新的大台阶，加快构建数字交易及数字创新等平台的建设，推动数字联动及相互促进的新发展格局，以增强数字化产业竞争力和推动数字化产业发展进程，助推数字化优势在产业发展进程中竞争格局的构建，实现区域产业的高质高效转型升级，持续动力空间溢出效应分解见表5-9。

表5-9 持续动力空间溢出效应分解

变量	符号	直接效应	间接效应	总效应
数字化水平	Dig	0.8826*** (0.0648)	0.2748** (0.1467)	1.1589*** (0.1772)

注：***、**和*分别代表1%、5%和10%的显著水平。

5.5 本章小结

产业联动升级以产业结构优化调整与产业内部质量提升为核心目标，但受各地区发展条件的影响，基于多重要素约束下，产业联动升级效果的提升呈现出多维影响路径。因而，本研究立足京津冀区域产业发展特征，基于内在要求、外在约束和数字驱动三个层面的差异性，涉及人力资本、技术创新、数字发展及基础设施建设等因素，引入空间杜宾模型，对各变量影响效应进行了空间溢出探讨及分解分析。基于此，本研究对产业联动升级的多维影响因素的探究得出以下结论。

5.5.1 基于内在要求层面的影响机制

劳动力水平、技术创新对京津冀产业联动升级呈现出显著的正向促进作用，资本要素的作用关系不显著。在空间溢出效应层面，仅技术创新，存在城市间相互影响关系，即空间溢出作用机制，且其直接、间接与总效应均在不同水平下显著。

5.5.2 基于外在约束层面的影响机制

缩小城乡发展差距、加强基础设施建设以及深化金融发展均能有效提升京津冀产业联动升级效果。其中，城乡差距的缩小还能够通过空间溢出效应进一步对产业联动升级产生显著的直接和间接促进作用。

5.5.3 基于数字驱动层面的影响机制

数字化水平对京津冀产业联动升级的影响系数在1%的水平下表现出较强的促进作用，且空间溢出效应估计系数通过了1%水平的显著性检验，这意味着地区数字化发展对京津冀区域内相邻城市产业联动升级效果的强化具有积极的作用。

　　综合来看，内在要求、外在约束和数字驱动不同层面的多维因素，对京津冀产业联动升级表现出一定的直接影响和空间溢出效应。因此，产业联动升级不仅是内部结构的调整和质量的提升，还依托经济环境发展和新型动力的综合作用机制，有序推动全面产业基础高级化、产业链现代化，促进产业联动升级的结构、质量、速度和效益的互相统一与协调发展。在稳步推进京津冀产业联动升级过程中，各地区应重点从技术创新、数字发展、外部环境等视角，结合京津冀区域特征及产业发展态势等，一方面，有序推动形成创新水平及效率提升的长效促进机制，发挥高新技术产业联动性及优势行业的辐射带动作用；另一方面，以地区数字化差异为突破点，以数字化产业和产业数字化为重点，提升数字化水平和数字技术渗透辐射范围。此外，还应有效推动城乡融合进程、缩小城乡差距，建设现代化金融体系、深化金融体制改革，促进交通一体化发展，加强基础设施建设，探索产业联动升级的外在驱动产业联动升级路径。

第 6 章　京津冀区域数字化转型与产业联动升级协同推进路径

京津冀区域数字化转型与产业联动升级的机理是通过数字化技术的应用、协同政策支持、协同创新多个方面共同作用来实现的。这些措施共同作用同步提升数字化水平，带动产业的联动升级，提升生产效率和管理水平，降低成本和资源浪费，促进产业转型和升级，提高产业的创新能力和竞争力，促进京津冀地区经济的快速发展。下面本研究将从三个方面探讨京津冀区域数字化转型与产业联动升级的实现路径。

6.1　京津冀区域产业链数字化空间重构路径

6.1.1　数字化空间的内涵

数字化空间是相对于地理空间的概念。数字化空间建立在互联网和信息通信基础设施之上，根植于地理空间之中，以信息数据为标准化流通媒介，为社会经济活动的要素、信息、资源流通提供了新场所。数字化空间是以"流"为核心特征的网络信息空间，其形成依赖于互联网和信息通信技术在实体社会活动中的赋能应用，且其属性特征和建立在其基础上的数据信息流通规则与效率，根本上依赖于互联网和信息通信技术的发展水平。例如，根据技术侧重的不同衍生出的互联网空间、赛博空间、信息空间、数字空间等概念。而数字化空间的载体即互联网和信息通信设施的空间布局，很大程度上会受到地理空间的影响。数字化空间与地理空间的基本关系如图 6-1 所示。

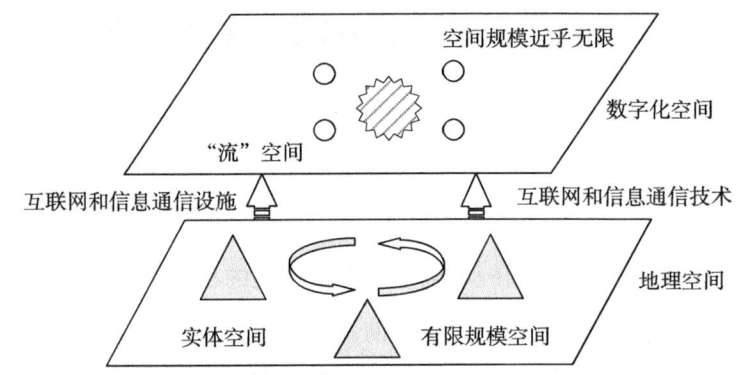

图 6-1　数字化空间与地理空间的基本关系

随着人工智能、大数据、云计算等新一代信息技术在实体经济活动中的赋能应用，产业生产活动的虚拟化趋势明显，数字化空间的产业布局重要性急剧上升，并对地理空间的产业布局带来影响。在新一代信息技术的作用下，产业数字化转型加剧。产业生产活动中数据要素地位的提升以及信息和资源流通形式的变革，使得地理空间中的产业空间布局的中心外围结构发生了实质性上的改变。产业的数字化转型使得产业经济活动中的要素地位、组合方式和效率，以及产业组织节点间的关联逻辑和交易成本发生显著性改变，数据要素资源优势和知识信息获取能力成为影响产业关联和布局的关键。不同于地理空间中区位要素对实体空间的依存性，数字化空间为更大地理空间范围内的节点连接提供了可能。

6.1.2　产业数字化空间布局基本特征

对于地理空间的产业布局，地区的自然资源禀赋、消费市场规模、交通运输条件以及批发零售、物流运输和仓储邮政等生产性服务业，对企业和产业的空间布局具有重要影响。上述影响产业布局的因素具有明显的地理空间根植属性，即企业和产业的布局较大程度受制于地理实体空间的区位条件。而由于地区资源分布的非匀质性以及相对于不同产业而言资源要素的地位差异，不同类型产业的布局往往表现出不同的中心外围特征，即地区资源要素优势的异质性会造成多个中心布局地区的出现。此外，受限于空间距离的影响，地理空间中企业或产业对于外部规模经济的获取，常通过在特定地区的集聚来实现。然而，地理空间为有限规模空间，产业集聚在为集聚主体带来外部性好处的同时会产生额外的拥挤成本，对集聚规模的扩大产生抑制作用，即地理空间中的产业集聚存在边界。对于数字化空间的产业布局，关注的是企业或产业非实体环节的布局特征，而非实体环节的布局又会对实体环节在地理空间的布局逻辑及方式产生深刻影响。一方面，根据企业和产业链不同环节价值分布的一般特征，非实体环节往往具有更大的价值量，尤其对于技术和知识密集型产业链的核心环节而言，研发、创新知识和信息等非实体要素的获取是关键。另一方面，随着数字经济形态下区域数字化转型的加剧以及市场需求发生的新变化，数据要素的地位急剧上升，数据规模、品质及其知识信息的挖掘成为企业或产业布局决策的关键。因此，具备高附加值的非实体环节的邻近性或数据知识要素的易获取性，越发成为企业、产业、产业链布局关注的重点。在数字化空间中，企业非实体环节的布局不再严格受限于地理空间中的区位条件，而主要依附于互联网和信息通信基础设施的布局及其节点连接的规模和由此产生的数据要素品质。由于数字化空间本质上是一种基于比特流的虚拟空间，其连接规模具有近乎无限的特点，且连接规模扩张带来的"拥挤效应"更多的是一种"社区化"运营成本[①]。随着大数据、人工智能等新一代信息技术的出现，这种由于节

---

① 陈小勇. 产业集群的虚拟转型 [J]. 中国工业经济，2017（12）：78-94.

点连接规模扩张而带来的"拥挤效应"将急剧下降,且会因数据规模的扩大而产生额外的好处。不可否认的是,对数字化空间具有支撑作用的互联网和信息通信基础设施的布局仍旧受限于地理空间,如经济发达的地区往往更具优势,但其连接能力大幅突破了时空限制,从而在很大程度上改变了产业空间布局的逻辑。

6.1.3 产业链数字化空间重构模式分析

根据数字化空间产业布局的基本特征,数字技术对产业区位要素、集聚形态的影响,数字经济驱动下产业链发生的变化,以及数字技术对京津冀产业转移和企业布局的影响机理,对新一代信息技术影响和驱动作用下产业链布局的一般特征进行归纳。

从产业链节点的布局来看,传统区位要素对于企业布局的影响得到不同程度的弱化,信息和知识越发成为重要的区位要素。这在地理空间中,体现为企业趋向于向知识、信息、创新等要素丰富和信息网络基础设施良好的地区转移。在数字化空间中,则体现为企业具有高附加价值的非实体环节向具有较强数据信息和知识获取能力的数字化平台转移。在数字化空间中,企业依然需要通过集聚来获取外部性好处,但数字化空间的近乎无限规模特征大幅突破了地理空间中拥挤成本对集聚规模的约束,同时对于集聚外部性好处的获取也突破了地理空间临近的依赖。

从产业链整体布局来看,分工主体间交易成本的显著下降使得产业链的分工边界得以大幅拓展,为获取更大范围的比较优势和更好地应对外部需求变化,"脑体分离"成为数字技术影响作用下产业链的重要布局特征。这在地理空间中,体现为产业链的不同环节分布在更大范围的区域空间,各环节根据自身对生产要素的需求和地区比较优势进行布局,在获取更大生产成本节约的同时,也能够带动更大范围的地区间协作。在数字化空间中,则体现为产业链的非实体环节在数字化平台的高度聚集,并与地理空间中高度分散的实体环节形成紧密关联。此外,由于数字技术对制造业产业链不同环节价值增值的影响差异,实体环节与非实体环节以及对应分布地区的价值差异减小,这在一定程度上也能够起到弱化中心城市极化效应的作用。

基于新一代数字技术影响和驱动作用下产业链布局的上述一般客观特征,提出产业链地理空间和数字化空间协同重构模式,如图6-2所示。

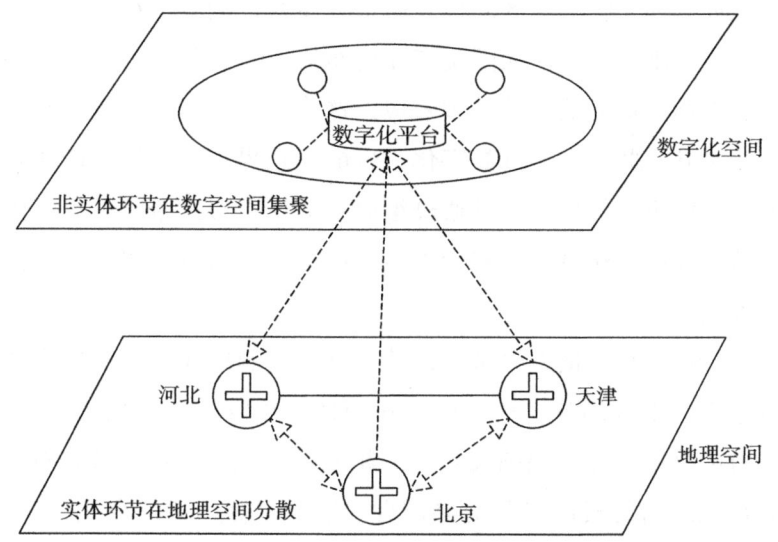

图6-2 地理空间和数字化空间协同重构模式

在图6-2中,产业链的不同实体环节在地理空间中根据地区比较优势进行布局,非实体环节在数字化空间集聚并与地理空间中的实体环节密切关联。上述地理空间和数字化空间的协同重构模式,为京津冀产业链的空间重构提供了有益借鉴。具体体现在以下几个方面。

从产业链布局方面来看,北京内部劳动和资本密集型制造业占比需要进一步下降,尤其中低端生产制造环节应加快转移和疏解。然而,北京的数字技术优势会对企业向外转移形成阻力。根据地理空间和数字化空间协同重构模式的逻辑,企业可将实体环节或消耗较大的环节对外转移,而对人才、知识、信息等要素需求较大且消耗较小的非实体环节则继续留在本地，并通过数字化平台与分散的实体环节形成紧密连接关系，从而在契合非首都功能疏解目标和要求的同时，实现自身一般性生产制造环节对于承接地比较优势的获取。在数字化平台的集成管理运营下，企业或产业链的一般性生产制造环节在地理空间中根据各地区的比较优势进行布局，实现了产业链分工的精细化，有助于各地区进一步明确自身的产业分工和定位，从而有利于解决地区间优势制造业重叠的问题。在合理产业分工和定位基础上，各地区围绕产业链布局环节进行专业化和差异化生产，有利于形成地区的品牌效应，这将促进地区产业集聚水平的进一步提升。此外，通过数字化平台的无边界连接作用，产业布局中心节点城市的优势资源可通过编码化的知识形式带动更大范围的地区合作发展，这也将有利于增强中心节点城市的辐射影响范围和带动作用。

从产业转移对接方面来看，针对京津冀制造业分布的较大梯度差异带来的不利影响，在地理空间和数字化空间协同重构模式下，产业链的分工边界大幅拓展且分工越发精细化，产业的转移对接更加强调地区间的资源禀赋的异质性，这对于制造业综合实力较弱，但具有针对产业链特定环节比较优势的地区而言，承接到适合自身产业分工定位的制造业企业或产业链环节的可能性增加。对于企业或产业链而言也更容易获取到更大范围地区的优势资源。针对三地产业结构的较大相似性带来的内生性阻力，在地理空间和数字化空间协同重构模式下，地区的产业布局更加倾向于围绕自身比较优势所形成的产业关联结构，这将有助于从根本上改变目前三地各自"大而全"的产业体系。此外，"脑体分离"式的产业转移和产业链重构模式，考虑了节点企业对于原地区知识、信息等要素的需求，从而在一定程度上可以提高企业转移的积极性。

针对企业转移过程及其在承接地生产网络融入面临的挑战，核心企业的区位选择及其与配套企业之间的关系尤为关键。北京一般性制造业产业转移疏解的过程，也是制造业企业向低梯度地区转移的过程。对于中低端类型制造业产业,其产业链上核心企业对于区位要素质量要求相对较低,通过集群式或抱团式转移能够在一定程度上规避转移过程及在承接地网络融入的风险,但由于外部生产网络及整体区位环境的较大变化,其转移过程仍会面临较大不确定性风险。对于中高端类型制造业企业或产业链环节而言,核心企业对于高梯度地区的区位要素具有较强的依赖性,且尽管其可能受到外部政策驱动转移的压力较小,但由于其中低端配套企业的大量转移,其不可避免也会面临转移决策的困境,即转移将有利于继续和原有配套企业合作生产,不转移则有利于其继续获取高梯度地区的较高质量区位和生产要素。而在地理空间和数字化空间协同重构模式下,核心企业可以实现不同环节的转移与分离,即将对高质量区位和生产要素依赖较强的环节留在高梯度地区,中低端生产制造环节则随同配套企业一同转移,从而使不同环节能够获得不同地区的比较优势。另外,通过数字化平台的集成管理运营,核心企业和集群企业内部的协调管理成本增幅有限。因此,地理空间和数字化空间协同重构模式,有助于解决企业转移过程及其在承接地生产网络的融入问题,从而有利于实现产业转移和升级的有机统一,实现区域数字化转型与产业联动升级协同推进。

6.1.4 产业链数字化空间重构实现路径

针对地理空间和数字化空间协同重构模式,产业升级转移是重要的实现途径,具体可分为地理空间中的产业升级转移和数字化空间中的产业升级转移两个部分。

1. 地理空间中的产业升级转移

根据地理空间和数字化空间协同重构模式的逻辑,"脑体分离"是产业链转移重构的核心特征,在地理空间中体现为"脑"和"体"的空间布局决策问题。对于产业或企业而言,"脑"侧重于研发、营销和营运管理中心等非实体环节,"体"侧重于实体的生产制造环节①。对于产业链而言,"脑"侧重于价值链上具有高附加值的上游和下游虚拟环节,"体"侧重于附加值相对较小的中游实体环节。在地理空间中,产业链的"脑"和"体"皆根据地区比较优势进行布局。一般来说,经济水平较发达的地区往往具有更丰富的知识、信息等要素,同时这些要素也是企业和产业链"脑"环节运营的核心需求。因此,经济水平较发达的地区更易成为制造业企业和产业链的"脑"部布局地区。然而,企业在经济发达地区的过度聚集,会导致地理空间拥挤效应的增加,企业运营成本上升,再加上"体"环节运营对于一般性生产要素需求的偏好,"体"环节的对外转移成为必然,"体"环节的升级转移会受到技术经济水平、地区比较优势、地区间贸易联系成本和地理空间距离的影响。

对于京津冀而言,北京和天津经济水平具有绝对优势,知识、信息等要素密集,可作为产业链"脑"环节区域层面的布局中心,河北省内石家庄、唐山、沧州等城市经济发展领先,且具有显著优势的产业,可围绕具体的优势产业打造成为"脑"环节次级布局中心。从不同类型产业特点来看,对于低端的劳动密集型制造业企业或产业链环节,由于其整体生产运营对于知识、信息等高端要素的依赖性相对不强,需按照京津冀各地区传统区位要素的比较优势进行转移,且转移地和承接地之间产业分布的梯度差异,以及承接地的产业发展定位和政策支持具有重要影响作用。尤其对于北京而言,其过大的城市空间拥挤效应和人口资源承载压力,亟须将一般性的高消耗企业或产业链环节进行较大程度的转移。对于中端的资本密集型企业或产业链环节,由于各环节的生产运营特点及其对要素的需求侧重具有显著差异,则需考虑进行"脑体分离"式的转移模式,即将对知识、信息等高端要素需求较强的环节保留在高梯度地区,一般性生产制造环节则需综合考虑地区比较优势、贸易联系和空间

---

① 李海舰,聂辉华. 全球化时代的企业运营:从脑体合一走向脑体分离[J]. 中国工业经济,2002(12):5-14.

距离的影响进行区位选择。对于高端的技术密集型制造业企业或产业链环节,其转移过程应更多考虑对于地区知识、信息等要素及其集聚外部性好处的获取,同时需重点关注其对其他地区的企业或产业链环节的辐射带动作用。

2. 数字化空间中的产业升级转移

数字化空间中的产业升级转移本质上是通过数字化平台对产业链的非实体环节进行连接,并对地理空间中的产业链布局逻辑和形态带来影响,其中产业链的数字化转型是重要前提。产业链的数字化转型是基于数字信息技术对产品、服务、流程、模式和组织进行全面协同改造的过程,依赖于具有集成管理运营功能的数字化平台的赋能作用,如工业互联网平台。将产业链的非实体环节以及实体环节运营过程的数据流、信息流等连接至数字化平台,通过数据的集成和机理建模及分析对实体环节进行优化改造。高度数字化的产业链可借助数字化平台对其地理空间中分散的环节进行集中协调管理。例如,企业通过集成的数字化平台,能够对其各地区的业务流、信息流等数据进行实时监测,并借助大数据分析技术及时反应各环节的运营状况。

京津冀产业链地理空间和数字化空间协同重构模式的实现,根本上依赖于数字化平台的连接和集成功能作用的发挥,大力支持工业互联网等数字化平台的建设,并鼓励和扶持产业链数字化转型尤为关键。三地需推进工业互联网的协同发展,同时注重强化数据集成、共享并规范数据互联标准,发挥数据要素的虚拟集聚优势,为跨地区和平台的产业链升级转移赋能。对于产业链而言,则需重视其全运营环节的数字化转型,并结合自身业务特点、不同环节特征和地理空间中的区位比较优势,全面推进区域数字化转型,提升设计数字化转型和产业联动升级转移方案。

6.2 京津冀数字产业竞争力提升路径

通过前面对区域产业联动升级的影响因素和效应的分析可知，数字化水平的高低对京津冀区域产业联动升级具有显著的驱动作用。数字产业化与产业数字化是数字技术与产业发展有机融合的有效表征，是区域产业联动升级进程中优化产业结构、提升产业发展质量的重要内容，也是当前京津冀区域数字化转型与产业联动升级协同推进的有效途径。《中国数字经济发展白皮书（2020年）》数据显示，2019年我国数字化产业增加值规模达到7.1万亿元，同比增长11.1%，其中，服务业、工业数字经济渗透率分别为37.8%、19.5%，有效助推了经济结构优化，且对我国国内生产总值的增长具有较强的拉动效应。

虽然京津冀是我国数字化产业发展的重要地带，但基于产业基础与数字技术水平的差异性，当前京津冀各省（市）的数字化产业发展及竞争力优势仍存在显著的非均衡特征，如北京在全国数字化产业发展进程中发挥重要引领作用，且数字化产业产值占地区生产总值的比重超过15%，而河北省部分地市不足5%。在这一背景下，如何基于数字化产业发展的特征及内涵，准确地衡量、剖析中国数字化产业竞争力的区域及行业异质性，并系统地探讨其提升路径，是有效推动"数字—产业—经济"三者加速融合及高质高效的关键，是强化区域数字经济发展、优化区域协调发展模式的重要内容。因此，以数字化产业竞争力提升为核心切入点，探究数字驱动下京津冀区域产业联动升级效果提升路径显得格外重要。

6.2.1 数字化产业竞争力的测度方法

自美国经济学家詹姆斯·博曼在20世纪90年代正式提出"数

字经济"概念至今，（宋周莺①，2012；Erkko 等②，2018；刘向东等③，2019）国内外研究者从数字化产业、数字基础设施多层面视角对数字经济发展进行了一系列积极的探索，考量了数字化在经济高质高效发展进程中的重要推动作用。特别是随着信息设施全面布局，数字化转型程度越来越高，数字化测度方法及竞争力比较研究逐渐成为学界关注的重点。综合来看，关于数字化发展的研究视角层面，现有文献聚焦于指数体系编制、增加值测算等方面（Lam 等④，2004；Wunnava P and Leiter D B⑤，2009；许宪春和张美慧⑥，2020），成为衡量数字化整体发展规模及其对国民经济贡献度较为可行的核算框架。然而，现阶段我国数字化进程表现出显著的行业分化特征（腾讯研究院⑦，2018；刘淑春⑧，2019），数字化产业在优化数字经济结构中的核心作用越来越突出。然而，目前研究鲜有从数字化产业及细分行业视角对其竞争力进行深入探讨和研究。数字化产业竞争力的提升是实现产能、质量和效率优化的关键所在，也是数字经济结构改革与产业联动升级的主引擎，是推进数字化转型与产业联动升级的重要途径。

本研究在借鉴相关研究经验的基础上，结合中国及京津冀数字

---

① 宋周莺. 世界信息化发展空间格局及对中国的启示 [J]. 世界地理研究，2012，21（2）：18-26.

② Erkko Autio, Satish Nambisan, Llewellyn D W Thomas, et al. Digital affordances, spatial affordances, and the genesis of entrepreneurial ecosystems [J]. Strategic Entrepreneurship Journal, 2018, 12（1）：72-95.

③ 刘向东，刘雨诗，陈成漳. 数字经济时代连锁零售商的空间扩张与竞争机制创新 [J]. 中国工业经济，2019（5）：80-98.

④ Lam Dieu, Boymal J, Martin B. Internet diffusion in vietnam [J]. Technology in Society, 2004, 26（1）：39-50.

⑤ Wunnava P, Leiter D B. Determinants of intercountry internet diffusion rates [J]. American Journal of Economics and Sociology, 2009, 68（2）：413-426.

⑥ 许宪春，张美慧. 中国数字经济规模测算研究：基于国际比较的视角 [J]. 中国工业经济，2020（5）：23-41.

⑦ 腾讯研究院. 数字中国指数报，2018 [DB/OL]. 2020.

⑧ 刘淑春. 中国数字经济高质量发展的靶向路径与政策供给 [J]. 经济学家，2019（6）：52-61.

经济的发展特征,将数字化产业进一步概括为以信息通信业为主导的数字化赋权基础设施、数字化交易、数字化媒体及由于数字技术广泛融合渗透的新兴产业,如云计算、物联网、大数据等。从京津冀区域细分领域来看,数字化的演进主要体现在制造业与服务业上①,其竞争力的提升不仅表现在产业规模稳步增长,还呈现出内部结构持续优化的特征。因此,区分产业规模和内部发展潜力,并予以系统测算,将有助于有效识别京津冀各地区数字化产业竞争优势的演进及差异特征。立足多行业视角,从规模优势及发展潜力优势双重维度,对数字化产业竞争力提升的广度和深度进行描述与刻画,以进一步探究提升产业联动升级效果的数字化驱动路径。

1. 数字化产业竞争力指数的构建

基于上述分析,结合京津冀数字化发展特点,考虑数据的可获取性和可靠性,选取计算机设备、人工智能、云计算、芯片、"互联网+"、大数据等数字化产业板块上市公司企业数据,通过对中国上市公司数字化企业的数据追踪,并从行业和时间维度进行匹配,剔除样本期内的 ST 企业、数据存在严重缺失等企业,并进一步在"行业—产业—城市—省域"层面加总,从多重视角对京津冀数字化产业竞争力水平进行表征,并对数据进行量化处理。基于这些数据,从数字化产业发展的广度和深度双重维度,给出了数字化产业竞争力的测度方法,如式(6-1)所示。

$$CDI_{ijt} = SC_{ijt} \times TFP_{ijt} = \frac{output_{ijt} / \sum_{i}^{m} output_{ijt}}{\sum_{j}^{n} output_{ijt} / \sum_{j}^{n} \sum_{i}^{m} output_{ijt}} \times TFP_{ijt}$$

(6-1)

---

① 2020 年我国数字化工业、服务业占比均超 15%。

式中，CDI_{ijt} 表示 $j(j=1,2,\cdots,n)$ 数字化行业 $i(i=1,2,\cdots,m)$ 在 $t(t=1,2,\cdots,T)$ 时期的竞争力测度值，其数值越大，表示该行业的竞争力越强。SC_{ijt} 表示地区 j $(j=1,2,\cdots,n)$ 地区数字化产业 i $(i=1,2,\cdots,m)$ 在第 t $(t=1,2,\cdots,T)$ 时期的规模优势测度值，用以刻画数字化产业竞争力发展的广度，其测算值越大，表明数字化行业在 j 地区越具有比较优势。规模优势能够较为直观地反映数字化产业及细分行业在国民经济发展进程中的重要位置及演化路径（Knickrehm M，et al.[1]，2016）。

根据巴拉萨·贝拉（Balassa Bela）（1965）对显性比较优势的定义，当 $SC_{ijt} \geqslant 1$ 时，表示 t 年数字化行业 i 在 j 地区具有显性规模比较优势，当 $SC_{ijt} < 1$ 时，则不具有比较优势。通过衡量各地区数字化产业产出份额与该产业占全国产出份额的比值，判断数字化产业是否具有显性比较优势，计算公式为：

$$SC_{ijt} = \frac{output_{ijt} / \sum_{i}^{m} output_{ijt}}{\sum_{j}^{n} output_{ijt} / \sum_{j}^{n} \sum_{i}^{m} output_{ijt}} \quad (6-2)$$

参考 Chaofan Chen et al.[2]（2020）的做法，使用上市公司数字化企业的营业收入进行汇总所得地区行业及产业层面总营业收入进行替代。式（6-2）中，$output_{ijt}$ 是指地区 j 数字化行业 i 在 t 时期的产值。

此外，数字化产业竞争力不仅体现在规模优势上，还体现在产业内部发展质量提升方面（吴翌琳[3]，2019）。式（6-1）中 TFP_{ijt}

---

[1] Knickrehm M, Berthon B, and P Daugherty. Digital Disruption: The Growth Multiplier [R]. Accenture Strategy Report, 2016.

[2] Chaofan Chen, Yawen Sun, Qingxin Lan, et al. Impacts of industrial agglomeration on pollution and ecological efficificiency-A spatial econometric analysis based on a big panel dataset of China's 259cities [J]. Journal of Cleaner Production, 2020 (2): 123-132.

[3] 吴翌琳. 国家数字竞争力指数构建与国际比较研究 [J]. 统计研究, 2019, 36 (11): 14-25.

表示数字化产业竞争力的深度,反映了以产业价值链向前端延伸来实现产业发展的作用路径。基于可分解目标,本研究选取 DEA-Malmquist 非参数方法,对数字化制造业、服务业及整体产业的 TFP 进行测算,以进行发展潜力优势维度的分析,考察数字化产业竞争力的深度层面。采用产业内部质量的测度 TFP 方法,借助线性规划思想,基于径向距离函数(D_0),考虑多个决策单元(DMU)的多投入变量与单产出变量对 DMU 的相对有效性。从 t 到 $t+1$ 期 TFP 的具体计算如下:

$$M(x^{t+1}, y^{t+1}, x^t, y^t) = \left[\frac{D_0^t(x^{t+1}, y^{t+1})}{D_0^t(x^t, y^t)} \times \frac{D_0^{t+1}(x^{t+1}, y^{t+1})}{D_0^{t+1}(x^t, y^t)} \right]^{1/2}$$

(6-3)

其中,(x^t, y^t)和(x^{t+1}, y^{t+1})代表各地区分别在第 t 和第 $t+1$ 时期的各决策单元(DMU)所对应的投入和产出。基于此,综合考虑规模比较优势和 TFP 的特性,将竞争力指数根据测度值大小进行如下定义:

$$\begin{cases} CDI_{ijt} \geq 1, & 表示 t 时期数字化行业 i 在 j 地区具有较强竞争力 \\ CDI_{ijt} < 1, & 表示 t 时期数字化行业 i 在 j 地区竞争力较弱 \end{cases}$$

(6-4)

2. 测度数据说明

立足数字化制造业、数字化服务业及数字化产业整体多重层面,基于持续动力视角,探究京津冀数字化产业竞争力的地区差异及其提升路径。数字化产业的基础数据来源于 CSMAR 数据库中国上市公司企业年度报告的财务数据,包含人工智能、大数据、区块链、软件、芯片、互联网+、物联网等板块,涉及数字化基础设施、数字化交易、数字媒体以及由于数字技术广泛融合渗透所产生的信息产业等多类国民经济行业①，并剔除相关的 ST 企业、数据存在严重缺失等企业，最终采用 1320 组数据作为基础数据；以京津冀协同发展战略正式提出年份为样本起始时间，并鉴于数据的可得性与连贯性，数据的样本考察期为 2014—2020 年，并使用企业相关数据在"行业—产业—城市—省域"层面加总进行测度分析。地区层面数据来源于《中国统计年鉴》及各地区相关统计年鉴，对个别地区、年份缺失的数据，通过移动平均进行填补处理，由于河北省内部分地市各年度相关指标数据缺失严重，在此仅对京津冀 3 省（市）进行分析。此外，为剔除价格波动，对相关数据进行了平减处理。2014—2020 年数字化产业竞争力指数的测度值如表 6-1 所示。

表 6-1　2014—2020 年数字化产业竞争力指数的测度值

省市	年份	数字化产业（1）	数字化制造业（2）	数字化服务业（3）
北京	2014	2.9750	1.6278	5.3362
	2015	2.9278	1.6435	6.2181
	2016	3.2153	2.2323	5.9564
	2017	3.4568	2.2812	6.3998
	2018	3.8625	1.7038	6.5708
	2019	4.4445	2.3206	6.8054
	2020	4.6448	2.4687	7.0332
天津	2014	0.7079	0.1926	0.4198
	2015	0.4970	0.1764	0.6654
	2016	0.5642	0.2296	0.5006
	2017	1.6632	0.2774	4.7295
	2018	2.4274	0.5241	5.5967
	2019	2.3091	0.5271	6.1692
	2020	2.4067	0.5386	6.8342

---

① 包含计算机硬件、软件、电信设备与服务等。

续表

省市	年份	数字化产业（1）	数字化制造业（2）	数字化服务业（3）
河北	2014	0.2425	0.0902	0.4530
	2015	0.2837	0.1456	0.7009
	2016	0.3235	0.1568	0.8557
	2017	0.3349	0.2593	0.6629
	2018	0.4778	0.3046	1.4287
	2019	0.5006	0.3968	1.7435
	2020	0.6329	0.4521	1.8102

注：结果根据中国上市公司2014—2020年企业数据整理计算而来。

6.2.2 数字化产业竞争力的多维差异分析

根据对数字化产业竞争力效果测度体系的构建，立足数字化产业发展的广度和深度视角，基于规模优势及发展潜力双重维度，对京津冀各地的数字化产业竞争力的演变趋势进行刻画，选取区域内数字化制造业和数字化服务业作为研究对象，对数字化产业内部细分行业的演化特征进行异质性分析，以期明确及识别数字竞争力提升视角下，京津冀区域的产业联动升级路径。

1. 京津冀数字化产业竞争力的地区差异分析

表6-1中直观展示了2014—2020年数字化产业竞争力指数的测度值，从"地域效应"和"行业效应"双重视角对京津冀区域内产业联动升级进程中存在的"数字鸿沟"问题进行了深入探讨，为有效研判数字化产业竞争力提升的产业联动升级路径提供理论支撑。从总体上来看，京津冀数字化产业竞争力无论从产业整体还是细分行业来看，均存在一定提升态势，表现为显著的地域差异与行业异质性。

在地区差别层面，表6-1中数字化产业结果显示，样本期间内北京数字化产业竞争力由2014年的2.9750增至2020年的4.6448，在规模优势和发展潜力双重层面均具有显著的优势，CDI_{ijt} 显著大于

1，其数字化产业竞争力处于引领地位，是京津冀区域内数字化产业最为发达的地区，也是我国数字化产业发展的重要增长极。北京作为数字化企业的聚集地，如字节跳动、美团、京东等企业在北京的落地，有效推动了数字化产业水平的提升。2020年北京数字经济增加值占地区生产总值的比重达55%以上，在全国遥遥领先。在数字化产业方面，2020年北京的数字化产业整体竞争力指数稳固处于领先地位。近年来，北京市政府更加强调数字驱动在产业联动升级及经济高质高效发展中的重要推动力，加快数字驱动的部署与应用，持续依托其数字竞争力优势，完善对其他地市的辐射引领机制，塑造数字产业的跨区域联动格局及数字新业态的形成，进一步提升京津冀区域数字经济发展的国际竞争力。

天津的数字化产业竞争力（Digital Industry Competitiveness，DIC）尚未达到显著的竞争优势地位，与北京存在显著的差距，2020年竞争力指数的测度值为2.4067，大于1，且增幅显著。这些数据表明，在区域协同发展提升至国家发展战略之后，天津的数字化产业水平稳步提升，以数字技术渗透及融合的产业发展模式，新技术、新应用不断涌现，逐步推动天津数字化产业蓬勃发展。与此同时，在相应助推政策的加持下，大量人工智能行业战略布局快速展开，如讯飞信息、曙光、360等企业和电子信息研究院的创建，是天津数字化产业竞争力增幅较大的关键所在。

河北作为京津冀区域数字化产业发展水平相对较低的省份，2020年竞争力指数测度值为0.6329，这表明河北数字化产业竞争力较弱，主要表现在规模优势层面上。当前，河北省正逐步由传统重工业占主导地位向高层次产业转型和优化传统产业内部结构，工业和农业仍为河北整体及省内各地市的主导产业，尚未形成数字化产业的优势主导地位。由此可以进一步说明，当前京津冀数字化产业仍具有较大的"数字鸿沟"问题，竞争力的差异呈现出明显的"两极分化"态势。该差异性反映出在京津冀区域内信息资源与数字技术的不平等性，"马太效应"凸显。由于河北数字基础设施等资源相对落后,以及省内11地市数字技术的非均衡性布局等原因,无法充分高效获得信息技术带来的"数字红利",也降低了互联网在各行业中的应用广度和深度,在一定程度上制约了数字产业的发展进程,是导致数字化产业竞争力较低的核心原因。此外,省内大部分地市的产业发展重点仍以生产性制造业和生产性服务业为主,这在一定程度上限制了数字化资本的进入与深化(易宪容等①,2019),进一步制约数字化产业竞争力的快速提升。

2. 数字化产业竞争力的行业差异

数字化产业涵盖多个层面、诸多领域,探究细分行业视角下数字化产业竞争力的差异及演进特色,是有效识别各地数字驱动下产业联动升级具体路径的重要手段。因此,有必要进一步考察京津冀三地数字化制造业和数字化服务业竞争力的变动。

从整体和行业层面综合来看,京津冀三省(市)数字化制造业和数字化服务业的竞争力均表现为一定的提升态势,但存在显著的行业差异,数字化服务业的竞争力显著强于数字化制造业。

北京在数字化制造业和数字化服务业方面均具有强劲的竞争优势,进一步反映出了北京的数字化引领地位。其中,在数字化服务业方面具有较为突出的竞争优势,2020年竞争力指数为7.0332,这与地区的行业结构密切相关:以科技创新为核心的北京依靠平台赋能、数据集成,先后实施5G、互联网等数字化产业发展策略,多方位、全链条地广泛应用于金融、公共服务等行业,各数字化企业主营业务收入均较为突出,以数字化服务业引领数字产业整体快速发展。统计数据显示,2020年北京软件和信息服务业产值超15000亿元,占全市地区生产总值的比重高达13%以上,同比增长约15%,在云计算、人工智能、5G等产业方面在全国领先。同样数字化制造

---

① 易宪容,陈颖颖,位玉双. 数字经济中的几个重大理论问题研究:基于现代经济学的一般性分析[J]. 经济学家,2019,10(7):23-31.

业也表现为显著的竞争优势，竞争力指数测度值均显著大于1；但样本期间内增幅较小，主要表现在规模优势层面。反映出了北京在数字制造业的研发投入与支持力度方面仍较强，北京数字化制造业主要体现在数字化制造产品如航空航天、智能机器人、3D打印等领域；但基于产业协同和承接机制的逐步完善，部门数字化产业逐步在周边城市落地，有序引导数字化企业开展产业链横向和纵向整合与协同发展，这也是北京数字化制造业规模优势增幅较小的主要原因。

天津在数字化服务业上表现出较为显著的竞争力提升幅度，由2014年的不具有显著优势（测度值小于1），演变为2020年的较强的竞争优势，反映出天津地区在数字化服务业中，数字化技术表现出强劲驱动力。数字化制造业的竞争力指数虽增幅较小，但强于河北，具有一定梯度差距。近几年，天津在政府的支持与市场化的推动下，强化产业板块与数字经济的融合创新，以促进天津港向"智能港"转型为重要途径，推动信息化和工业化有机结合，稳步有序提升数字化制造业的竞争力水平。此外，河北在数字化制造业和服务业的竞争力均较弱，基于数字技术基础的差异性，数字化制造业提升动力不足，数字化服务业的竞争力提升能力逐步显现。

6.2.3 数字驱动下的提升路径及对策

当前，京津冀数字化产业表现出一定的地区和行业双重层面的差异，通过对数字化产业竞争力演进特征及数字化驱动产业联动升级影响机制的探讨表明，促进数字技术与产业发展的深度融合是提升数字化产业竞争力的关键所在，也是推动我国经济结构调整和汲取发展新动能的重要力量。因此，有效识别各地区数字化产业竞争力提升路径是当前京津冀产业联动升级的重要内容。基于演进差异视角，提出数字驱动下产业联动和转型升级路径。

1. 以数字产业规模与质量助推数字化优势竞争格局的构建

京津冀区域整体应以数字产业为重点,以地区差异与细分行业深化为突破点,立足各地区数字化行业特性,明确发展方向和重心。具体到每个区域应采取不同的、有针对性的举措。

第一,北京依托掌握的核心技术进一步加强自主研发能力,提升产业数字化规模与质量,培育建设一系列数字化产业的集聚带、高新实验区,提高数字化水平,并通过加强数字设施的建设与拓展,为数字化产业发展奠定坚实的基础。此外,数字化产业涵盖基础层、应用层及技术层三个层面,涉及多个领域,基于其技术特性,具有显著的"溢出效应",能够有效连接不同地区、不同行业,吸引产业链前后端行业有效集聚,形成高效协作的产业集群,进而推动经济增长的溢出效应。北京市应充分发挥其引领效应,持续优化产业疏解及联动的布局规划,加强对落后地区的辐射与带动效应,缩小地区差距,促进区域整体数字化产业竞争力水平的有效提升。

第二,天津应充分发挥其"双核"的优势地位及发达的港口交流窗口,实现制造业的"双创"加速升级,加大智能制造业推进力度,逐步推动数字化制造业的转型升级及竞争优势的形成,打造京津冀数字化制造业的新高地,实现与天津产业结构相契合的数字技术规模。首先,依托数字化服务业竞争优势,加强向制造业的服务与应用,在提升规模优势的同时,更要注重产业内部质量的协调发展与提升,高质高效实现行业间数字化协同发展,打破"数字鸿沟"壁垒。其次,加强智能港口的建设和升级,布局数字化智慧物流的建设,充分发挥优势港口优势,建设智慧港口、推动"产城"与"港城"的有机协调发展,加快"互联网+"模式的国际贸易与省际贸易的建设,力争创建国家数字服务出口实验基地。最后,加强市7区、远郊2区、3县与1区的数字技术沟通与统筹部署,推动数字经济和实体经济的有机融合与互促发展。

第三,河北应在区域协同发展战略的推动下,充分吸纳及承接北京、天津的相关产业承接与对接，加快数字产业核心板块，如人工智能、大数据等产业在河北各地市的落地与应用，真正做到数字化产业的质和量的双重提升。例如，廊坊和保定依托其首都卫星城优势，聚力打造数字产业集聚地，扩大数字企业的规模及数字产品的供给，提升数字消费积极融入"双循环"发展的新格局。张家口作为河北最北部城市，应抓住京津冀协同与筹办冬奥会等有利发展机遇，充分发挥区位优势，紧紧围绕信息技术相关产业规划布局，招商引资，有序吸引一大批数字化龙头企业签约建设。同时河北也应注重产业数字化与数字化产业的融合互促发展，充分发挥数字技术的新动能作用，持续推动竞争力提升。

2. 以技术变革和创新结构优化构建数字化产业提升的长效机制

变革技术创新增长发展模式，优化创新结构，完善促进数字化产业竞争力提升的长效机制。既要注重技术创新的数量增长也要注重质量的提升，加强对数字科研机构的建设和扶持。特别是河北省内各地市，更应依托协同发展及与京津的轴向联动机制，拓宽信息、要素物流贸易服务，构建全方位合作的大通道，提升地区数字技术创新水平，并在引进数字化技术及相关企业进程中，给予一定的优惠政策，促进产业向数字化方向转型。同时，各地区也应重视数字化产业发展与经济发展、贸易要素、政府支出及人力资本等的有机结合，聚焦促进内外提升机制的完善。此外，高等院校及相关机构应加快数字技术相关专业的建设，并且加强学校与企业产教融合，培养专业化人才，打造数字技术人才集聚新高地。

3. 以数字技术的整合与投入拓宽产业数字化应用渠道

在强化各地数字化产业竞争力的基础上，应注重产业数字化水平的提升。产业数字化是拓宽产业生产边界的重要途径，也是当前经济结构优化的关键所在（王一鸣①，2020）。通过数字技术的融合及投入，全面提升传统产业的数字化应用，如强化企业生产环节的数字改造，加强人工智能及大数据的运用，建设"无人车间"等自动化与半自动化的推广与应用，大力推进数字化智能制造模式，着力大中小企业数据链生产环节，推动从设计到生产等环节链有机协同，有序推动数字化技术在企业及各行业的投入和使用，以产业数字化水平提升，驱动产业结构优化与产业内部质量提升，从而有效实现京津冀各地区数字驱动下产业的转型升级。

6.3 协同政策驱动下的同步推进路径

区域协同发展战略的实施是通过打破行政壁垒，以政策推动区域整体及各地区的市场化进程，促进地方经济增长。2014 年京津冀协同发展上升为国家重大发展战略，是新常态背景下区域优化经济结构、拉动经济高质量发展的重要环节，对京津冀各地产业联动升级的影响重大而深远（张亚鹏②，2018）。2015 年审议通过的《京津冀协同发展规划纲要》，进一步强调产业联动升级是京津冀区域协同发展的重点领域，是推动产业转移和对接、构建服务区域及联动全国的优势产业集聚园区的强劲动力，也是加强京津冀产业协作发展的重要举措。随着区域协同发展战略的持续推进，在产业层面，企业在区域内的跨地区合作机制的不断深化及产业链的不断扩散，京津冀区域内的跨地市间的合作有效促进了资源、人才等生产要素的有效流动和资源配置的优化，在一定程度上有效降低了市场运行成本，对于推动各地产业及经济发展的影响作用日益显著。

统计数据显示，2014 年后，京津冀区域整体人均地区生产总值

---

① 王一鸣. 以数字化转型推动创新型经济发展 [J]. 前线，2020（11）：67-70.
② 张亚鹏. 关系重构：京津冀产业协同的新向度 [J]. 前线，2018（4）：74-75.

平均增幅约为9%,与经济发展强劲的长三角城市群的6%增幅相比,经济发展水平明显提升,增长潜力充分发挥。这表明,在京津冀协同发展政策的持续推动下,京津冀经济发展逐步向更高水平迈进,战略驱动成效显著。而在提升经济效益及优化经济结构的进程中,以产业联动升级锻造京津冀高质量发展长板是其核心内容与重要动力。

6.3.1 协同政策作用机理分析

1. 协同发展政策的提出与实施

京津冀区域协同发展于20世纪70年代首次提出,历经四十多年的改革发展,协调与合作等方面取得了一系列成果,但与长三角和珠三角等区域相比,仍存在一定的差异性。2004年起,中央及京津冀各级政府机构陆续出台了一系列协同发展规划,2006年"京津冀都市圈"概念的提出,逐步明确了区域一体化的思路。然而,京津冀区域的层次化差异及不协同的问题一直存在,其核心原因在于:协同一体化的推进缺乏国家级层面的统筹规划,同时受行政壁垒的约束,隐性和显性障碍在一定程度上阻碍了产业和要素的流动。可见,京津冀协同发展历来都是我国区域协调发展进程中的重要内容。2014年京津冀协同发展被明确提出,并上升至国家发展战略。2015年审议通过的《京津冀协同发展规划纲要》进一步标志着京津冀区域协同发展逐步迈入"全面实施"进程,并指出了以产业联动升级作为三大重点领域之一的工作方向。此外,北京副中心及雄安新区的规划建设,有序推动了协同政策的实施和纵向延伸。

在产业方面,京津冀区域内各地市持续推动产业对接力度,依托产业承接有效促进了津冀地区的产业联动升级水平,同时各地市产业联动升级水平的提升,也成为各地市承载能力提高的重要引擎。2014年以来,北京累计关停或退出污染企业和一般制造业企业数量超1000家,2016—2020年,北京在天津投资或设立分支机构的企业接近万家，涉及17个细分行业大类，并逐步呈现出显著的行业高端化特征，有效推动了天津产业向高层次、高技术的演进升级。河北有序引进北京高新技术产业承接，加快京津冀产业协同发展步伐。

2. 协同政策对数字化转型与产业联动升级的作用机理

基于哈肯①的协调理论，区域协同发展政策通过系统调节各要素的协调流动，产生协同效应，促使系统整体综合效应显著优于子系统总体效应之和。京津冀区域协同发展战略提出与实施的核心目的是有效推动北京非首都功能的有序疏解，逐渐完善区域数字化转型，用数字化加速区域内产业转移与对接，助推京津冀产业结构向高层次演进及产业内部质量的有效提升。

自2014年京津冀协同发展正式提出之后，随着京津冀一体化发展战略的推进和实施，京津冀区域和数字化一体建设水平日益提升，数字经济健康发展，区域内的产业联动升级效果呈现出一定的近似正态分布特征，数字化促进产业联动升级的效果较为显著。京津冀区域数字化转型与产业协同推进的机理分析如下。

资源配置机制。根据经济学理论中的相关市场失灵理论可知，在现实的经济市场中，由于信息不对称、垄断、外部性等问题的存在，单纯依靠市场化的作用难以实现资源的优化配置。因此，通过建立和实施统一的数字化建设标准，制定统一的产业转型和升级的政策，以对经济运行模式进行干预，能够有效引导资源在不同企业及行业间的流动配置，以提升经济运行效率。京津冀协同发展战略的提出，各地方政府加大数字化转型力度，解决信息不对称的问题，通过推行有助于产业协同发展资源、人才等要素给予一定的政策支持和优惠措施，如对企业提供税收补贴、较低利率的信贷资金等，改变不同要素在不同地区与行业间的配置，推动资源向政府支持和

---

① 赫尔曼·哈肯. 协同学：大自然成功的奥秘 [M]. 凌复华，译. 上海：上海译文出版社，2018.

鼓励的行业倾斜与流动，促进相关行业的高效发展，提升行业竞争力，有序推动地区产业结构向高层次演进及产业内部质量的有效提升。统一畅通安全的数字化网络，有效提升资源配置的范围和效率，产业政策的激励效应，能够有效激发企业内部资源的流动，进一步调整产品结构和优化质量，提高企业产品的技术含量和经济附加值，进而逐步推动区域内从企业到行业的竞争力和转型升级效果。

知识溢出机制。以知识溢出推动创新要素在企业和行业内的流动，是有效增强产业竞争优势的有效途径。京津冀协同发展战略的提出与有效实施，以产业疏解和承接为重要契机，发挥北京的技术创新优势，以数字技术创新和产业技术创新为重点，推动北京技术创新在津冀的落地和成果转化，以智能科技产业和新经济增长点为重要载体，知识的空间溢出效应显著。在政策推动下，雄安新区的建设及各地经济开发区的不断完善，吸纳了大量人才的集聚和轴向流动，能够产生一定的空间集聚效应，优秀人力资本有利于推动知识的扩散和溢出，产生显著的正外部性，有效提升企业的创新数量和质量，驱动产业联动升级。同时，政府的补贴等促进政策，一方面能够提高企业吸收创新的能力和自主研发的动力，另一方面通过降低企业面临的市场不确定性等问题，增强企业创新的动力，有助于提高企业内部的生产效率，并有利于生产要素实现向高效率生产部门的创新配置，推动行业及产业结构向高水平演变提升，实现产业联动升级。

6.3.2 协同政策驱动路径分析

京津冀区域协同发展战略的提出与有效实施，已成为新时代落实区域协同发展，推动中国区域一体化及经济高质量发展的重要示范区。区域内产业转型和联动升级成为京津冀协同发展有序推进的重要载体和关键所在，而数字化转型是推动产业联动升级的关键因素和根本动力。因此，基于京津冀协同发展战略，进一步明确协同政策下的驱动数字化转型和产业联动升级的路径对于破除城市间行政壁垒、推动区域内各地市产业高质高效升级及协同融合发展具有深远意义。为稳步推动京津冀区域协同发展战略对于各地产业联动升级的影响，进一步提出以下路径。

1. 注重区域政策的精准实施

注重区域政策的精准实施，实现政策与地市产业功能定位的有机契合。当前京津冀区域内各地市的数字化建设水平和产业联动升级效果存在显著的差异性，且政策影响效应具有城市异质性特征。各地区在切实推进京津冀协同发展的进程中，应以各地的资源禀赋及功能定位为基础条件，制定适宜各地市数字化转型战略和产业发展的层次化发展政策，加强对距离中心较远城市的技术支持、人才带动等辐射带动作用，破除行政壁垒、缩小因空间地理距离导致的产业及经济发展差距。大力发展各地的本地化效应，以本地优势吸引优势产业等的流入，并立足自身区位产业优势、产业发展方向，打造因地制宜的产业集聚园区，促进城市间及省市间资源要素的有效流动及质量提升，打造具有区域及资源竞争优势的产业集聚区，尤其是逐步稳健推进雄安新区的建设，打造京津冀区域产业协同发展的新高地。对于靠近"双核"的地区，在有效承接北京产业转移的基础上，应有序建立并不断丰富和完善人才与技术的激励引进机制，破解产业联动升级发展的瓶颈，在推动传统产业效率提升的基础上，有效承接京津冀的创新成果转化，促进地区结构优化与效率升级的双重提升。

2. 提升协同机制的多元化治理能力

全方位促进数字化转型和产业联动升级。在协同发展战略的有序推进中，中央及地方政府应注重京津冀区域的协同发展多层次目标。一方面，注重数字化建设、产业发展、公共服务等多维度的协同发展及资源互补，为各地区产业联动升级提供强有力的基础保障，并加强城市间产业关联程度和互补性。另一方面，大力建设统一的数字化平台，引进数字技术和数字人才，利用网络优势，大力推动企业、行业开展数字化转型，实现无空间限制多元化创新合作和学习，积极探索以各地区市场需求和传统产业联动升级有机结合的新途径。加强创新资源与技术成果转化平台的有机融合，以京津冀高校及研究机构为重要载体，打造具有应用价值的成果转化基地，推动技术创新向现实生产力的有效转化。与此同时，加快完善京津冀区域的国际性信息网络的完善，充分发挥数字载体枢纽体系的空间衔接载体效应，为京津冀产业联动升级的进程及区域一体化发展提供多元化提升新途径。

6.4 基于一体化建设的协同推进路径

综合分析影响京津冀区域数字化转型和产业联动升级的外部因素，充分考虑各要素的空间溢出效应，缩小城乡发展差距、提升金融水平、增强基础设施建设，均对区域数字化转型和产业联动升级具有显著的促进作用。鉴于此，本研究以城乡发展差距、金融水平、基础设施建设等方面为探究视角，分析各地区促进数字化转型和产业联动升级协同推进的外在环境路径与对策。

6.4.1 推动城乡融合进程，缩小城乡差距

城乡一体化是京津冀协同发展的重要内容，而城乡差距是影响数字化建设和产业联动升级的重要因素之一。缩小城乡差距对京津冀区域数字化转型与产业联动升级具有显著的促进作用。京津冀区域基于城乡结构的特征，各地区城镇化水平存在显著的差异，如北京城乡"壁垒"逐渐消失，而河北省内各地市的城镇化水平仍较低，继而导致各地的城乡差距也存在显著的差异。因此，京津冀各地区应以推动城乡融合高质量发展、缩小城乡差距为核心目标，构建"乡村—城镇"经济统筹发展的战略支点，加快数字化乡村建设，提

高网络和数字化的应用和普及水平。特别是河北省内各地市,如沧州和衡水等城乡差距较大的地区,应在加快现代化农业体系建设的基础上,发展多元化农业项目,增加农村农民收入。同时,应加强农村劳动力技能的培训和资助,把数字技术的推广和应用作为培训重点,对于特别贫困的县市,特别是张家口等地市中较为偏远的县市和地区,有效实施精准数字扶贫政策,通过网络宣传和推进帮扶措施政策、加强特色产业项目建设和引进、传播科学的知识技术等。此外,在统筹城乡一体化规划的进程中,分层次、分阶段有序推进,逐步缩小京津冀各地城乡差距,进一步为数字化转型与产业联动升级提供基础支撑。

6.4.2 建设现代化金融体系,深化金融体制改革

北京的金融水平在京津冀区域内处于领先地位,金融业产值占比接近30%,充分反映出北京金融产业集聚的态势,而天津和河北部分地市的金融水平较低。融资水平是制约区域数字化转型和产业联动升级重要的外部推动因素,因此,京津冀地区要加快推进金融一体化建设的进程,完善各地现代化金融体系建设,以突破存在的结构失衡和配置效率不高等问题为切入点,充分发挥资本市场在金融体系中的"链条效应",为京津冀各市数字化建设和不同需求类型产业提供相匹配的资金和融资支持,提升数字金融建设水平,用科技金融的手段促进金融结构与中小企业的对接及与现代科技的有机融合,推动绿色金融与普惠金融的发展,深化供给侧金融改革,有效提高资金和资本的合理流动性,为京津冀区域数字化转型和产业联动升级提供重要的金融支持。同时,各地应加大金融市场监管力度,保障金融市场的运行稳定,提高资本市场的透明度,重点是各地金融相关法律制度的进一步完善和有效落地实施,逐步推动京津冀区域内各地间合规健康的金融互动与合作,强化金融对区域数字经济的健康发展和产业的有序联动升级的正向促进作用,改善对相邻近地区的溢出效应。

6.4.3 加强基础设施建设，促进交通一体化发展

基础设施的一体化推进对京津冀区域数字化转型和产业联动升级表现出显著的正向促进作用，并存在显著的线性关系。由此可见，京津冀各地市基础设施（包括基站建设、光缆线路长度、互联网普及率和道路网建设等）的建设对数字化转型和产业联动升级都具有一定的驱动效应，也是全方位实现协同发展新格局的重要途径和有效载体。

京津冀区域内的信息网络基本建成，并逐步深化和完善，数字化水平明显提高，数字技术的应用与推广逐步深入，数字产业化与产业数字化相互促进的良好局面正在形成。京秦、京台及首都地区环线的建成通车，进一步缩短了京津冀各地间的时空距离，有效承接了三地的产业转移和对接。鉴于此，各地市应持续深化京津冀协同发展的顶层设计，推进网络一体化和交通一体化规划与实施，推动网络全覆盖、道路全覆盖的多层次的综合通信和交通网络的形成。河北南部和北部城市，如邯郸和唐山等市，距离北京较远，在一定程度上制约了与北京的要素流动和产业对接，该地区一方面应有序加强与京津路网建设和对接，加紧与周边城市路网布局与规划，推动各城市的多节点对接，加强与相邻城市的产业联系和联动发展，为先进技术和人才等资源的引入提供良好的基础支撑；另一方面应加快网络基础设施建设，充分利用数字化技术弥补区位因素带来的不足，实现数字化转型与产业联动升级的协同发展。

此外，京津地区应加强外围综合交通网络的有序拓宽与多向延伸，充分释放双核资源红利，加强产业交流合作，特别是高新技术等产业，助推京津冀区域整体产业联动升级。同时，加快完善京津冀区域的国际性交通网络，充分发挥交通运输枢纽体系的空间衔接载体效应，为京津冀区域一体化发展提供便利快捷的服务。

第 7 章　研究结论与对策建议

7.1　研究结论

区域数字化转型与产业联动升级是京津冀协同发展的重要内容。本研究以区域数字化转型与产业联动升级为研究对象，探究推进京津冀协同发展的路径和机制。首先基于相关文献的梳理和研究，深刻剖析了京津冀区域数字化转型和京津冀产业联动升级的特性。其次分析了京津冀区域数字化转型的影响因素，构建了区域数字化转型的指标体系，并利用京津冀地区的历史面板数据进行测度评估。基于京津冀各地区资源禀赋、社会经济发展及产业动力等层面的差异性，从内部要求、外在约束和数字驱动三个层面，对影响京津冀区域产业联动升级的作用机制及空间溢出效应进行探讨和考量，多层面、多视角剖析了京津冀区域产业联动转型升级的影响因素。最后探讨了京津冀区域数字化转型与产业联动升级的实现机制和实施路径。主要研究结论如下。

7.1.1　影响京津冀数字化转型的因素与测算

在 2014—2020 年京津冀区域数字化转型基本呈逐年上升状态，发展势头较为良好，但区域内各省市发展水平存在较大差异。北京数字化转型程度处于绝对领先水平，天津和河北地区相对较弱，但发展势头强劲。京津冀区域数字化转型能力主要受到基础转型能力、产业发展能力、金融普惠能力和政务服务能力四个方面的影响，通过对数字化转型的四个维度进行分析得知：基础转型能力和产业发展能力存在明显的分层现象，区域的空间差异性较大，而金融普惠能力和政务服务能力由于其计算起始年份与研究年份较为接近，其提升速度较快，但也在后期逐渐显现出区域之间的差别。根据各省市不同的发展状况，对数字化转型程度四个维度的侧重方向进行调整，是进行有针对性提升数字化转型程度的有效措施。

7.1.2 影响京津冀产业联动升级的因素分析

京津冀产业联动升级路径与机制的有效优化，受多层面因素的影响。基于对产业联动升级空间自相关性的探讨，通过引用空间杜宾模型，进行空间溢出效应研判并作进一步分解分析，更为有效地剖析了不同层面的因素对产业联动升级的非线性影响关系及其异质性特征，为有效制定科学的产业升级路径提供理论支撑。为深入剖析产业联动升级影响因素的作用路径和影响强度，将影响因素分为三个部分：内在要求、外在约束和数字驱动，多维度进行了影响机制的实证分析。

1. 基于内在要求视角

除资本要素表现出不显著的作用关系，劳动力水平、技术创新对京津冀产业联动升级具有显著的正向促进作用，且仅技术创新存在显著的空间溢出效应。基于此，提出的区域产业联动发展路径，是立足区域协同发展战略下产业链与创新链有机融合的产业联动升级的有效路径。

2. 基于外在约束视角

缩小城乡差距、提升基础设施水平、促进金融发展均有助于促进产业联动升级效果的提升。基于机制剖析，进一步明确了推动城乡融合进程、缩小城乡差距，建设现代化金融体系、深化金融体制改革，促进交通一体化发展、加强基础设施建设等产业联动升级的外在驱动路径。

3. 基于数字驱动视角

数字化水平对产业联动升级存在显著的空间溢出促进作用，且其直接效应与间接效应均显著。因此，持续不断地强化数字技术发展迈上新的大台阶、加快构建数字交易及数字创新等平台的建设、推动数字联动及相互促进的新发展格局对于提升京津冀产业联动升级效果具有重要意义。

7.1.3 京津冀区域数字化转型与产业联动升级的多维路径

立足于京津冀区域协同发展战略，影响区域数字化转型、产业转型和联动升级的作用路径展开了宏观视角的分析，以产业数字化和数字产业化的相互作用为切入点，分别探讨了产业链数字化空间重构、提升数字产业竞争力、协同政策推进和一体化建设外部环境驱动等多维路径。

第一，京津冀产业链数字化空间重构模式与实现路径。基于信息技术对京津冀制造业产业链空间重构的影响机理，以及制造业数字化空间布局基本特征分析，提出了地理空间和数字化空间协同的制造业产业链空间重构模式，并分析了其一般实现路径。结合京津冀制造业产业链空间重构面临的问题，分析认为所提出的重构模式具有一定优势，是协同推进京津冀区域产业转型与联动升级的有效途径。

第二，京津冀区域内，高新技术产业联动发展进程呈现出从行业到地区的双重差异特征。在行业层面，电子及通信设备制造业的地区联动性最强，是产业联动的关键，也是推动京津冀数字化产业发展的重要行业。在地区层面，呈现出"中心强、边缘弱"的非均衡现象，北京的高新技术产业联动效果显著高于天津与河北，但天津增幅显著高于北京。在数字化视角下，数字化产业竞争力同样存在地区层面的"京高冀低"的梯度层次特征，且行业层面也表现为显著的差异性，三地数字化服务业的竞争力显著强于数字化制造业，数字化服务业发挥出较强的引领机制。

第三，京津冀区域协同发展政策的提出与实施，对区域数字化转型和产业联动升级存在显著正向促进作用，但表现为一定的城市异质性，即对于以北京为核心的中部核心功能城市，其正向影响效应不显著。综合两方面结论来看，进一步明确了京津冀区域协同发展战略实施的层次性和精准性。

第四，基于一体化建设的外部环境助推的发展路径。一方面，构建"乡村—城镇"经济统筹发展的战略支点，加强数字乡村建设，为产业联动升级提供基础支撑；另一方面，以现代化金融体系建设为核心，充分发挥资本市场在产业发展中的"链条"效应，为区域数字化转型和不同需求类型企业提供相匹配的资金和融资支持；与此同时，推动网络全覆盖，建设多层次的综合交通网络，强化要素流动和产业对接。

7.2 对策建议

7.2.1 强化京津冀工业互联网平台的建设和协同发展

京津冀产业链地理空间和数字化空间的协同重构模式和升级转移路径，根本上依赖于数字化平台的连接和集成功能作用，同时产业链提出了数字化转型升级的要求。作为新一代数字技术与制造业深度融合下的新型工业集成平台，工业互联网是当前产业链数字化转型的关键支撑。通过产业链的全环节、全过程的连接和信息集成，工业互联网能够充分发挥其数据和资源整合优势，提高产业链运营效率和质量。此外，工业互联网可以在跨区域产业协同发展中构建高效、智能的全新生态，降低地区间要素和信息流动壁垒，从而有利于推动京津冀产业升级转移和产业链布局优化调整。京津冀三地应发挥各自优势，强化工业互联网平台的建设，同时立足三地区位、资源、产业特色，推动工业互联网平台差异化和协同发展，为企业跨地区转移和产业链升级重构提供支持保障。

7.2.2 重视发挥产业链上核心企业的转移和数字化转型引领作用

京津冀产业链的升级重构依赖于地理空间和数字化空间的协同升级转移。从地理空间的升级转移来看，京津冀三地产业结构的相似性给地区间产业转移带来内生性阻力。与此同时，核心企业在产业链上占据主导地位，对产业链的结构和布局具有决定性影响。在明确地区分工和产业链分工的基础上，通过核心企业的转移带动产业链的转移，推动核心企业和配套企业抱团式、集群式转移。从数字化空间的升级转移来看，核心企业在产业链上具有较强的关联性和影响作用，通过发挥核心企业的数字化转型引领作用可以加速推动整体产业链的数字化转型进程。应以产业链上的核心企业和大型企业为发力点，推动其跨地区布局或迁移，并推进实施工业互联网试点示范项目，鼓励支持核心企业自主研发建设工业互联网平台。

7.2.3 瞄准协同发展战略补齐京津冀区域数字化转型的短板

着眼数字化人才的培养和引进。首先做好数字人才储备的顶层设计。制定数字人才发展战略，精准科学布局未来，构建数字人才评价机制，明确数字人才的评判筛选标准；大力支持"政府+高校+研究院所+企业"联合的人才培养模式，建立柔性引才引智机制。探索技术移民政策落地，制定科学合理的绩效评估与福利激励政策，服务外籍人才资源。建设区域人才服务协同、人才流动合作、人才发展推动等配套机制，为人才跨区域流动提供便利。其次多措并举营造适宜的投资环境。明确数字经济的投资范围,把资金用到提升数字经济发展的核心项目与技术上。多措并举引导社会资本正向投资。对京津冀区域的数字经济创新平台、产业基地和重点园区等基础设施加大投资力度,对重大项目和重点工程给予贷款贴息支持。为数字经济龙头企业在京津冀三地设立具有独立法人资格的机构,对注册基本金额达到一定规模的企业给予一次性落户奖励。鼓励产业资本、金融机构和其他社会资本设立市场化运营的人工智能、物联网、大数据及其他数字经济细分领域的创业投资基金和产业投资基金,营造适合数字经济发展的投资环境。

聚焦数字领域的技术研发能力。第一,加强数字化核心技术的研究,提高自主研发与创新能力。加强人工智能、区块链、大数据、5G等核心技术研发,解决缺"芯"、封锁工业软件等区域关注的核心问题,降低对国外技术的依赖程度,实现庞大数据资源的有效开发利用,充分发挥数据作为关键创新要素驱动数字经济发展的作用。第二,重点培育数字经济龙头企业并形成聚集效应,对高新技术企业和数字经济发展高度相关的创业投资企业落实税收和股权激励优惠政策。第三,对数字化企业技术创新给予资源支持,提供更高额度的财政拨款支持数字技术应用,建立工业创新研究中心、工业创新产业园等支持数字技术研究和创新并由政府牵头组成专家顾问团,指导和配合数字基建与技术项目的研发。

助推传统产业数字化提质增效。第一,加快农业数字化。培养农户通过信息化、数字化增加收入的致富意识,依靠农业专家引导农户通过手机App、小程序等,获取种养技术、市场信息、产品销售等实时在线的农业技术咨询。构建数字农业转型的技能普及体系,推广"龙头企业+合作社+农户"的模式,以龙头企业为引领,打造高水平农业产业园,推出更多操作便捷的大数据应用平台。第二,全面夯实工业数字化发展基础。强化制造业企业在自动化、数字化、智能化基础技术和产业支撑等方面的能力,政府与大型企业合作共同增加高端智能硬件、个性化定制软件技术供给,开展工业云平台建设与应用推广，推动各类生产资源的开放共享。第三，以先进技术带动服务业数字化发展，让数据成为核心生产要素加入服务活动中，推动企业从物料采购、物流、加工、零售、配送和服务等业务流程的数字化，打通全产业链的数据通道，推动政府、龙头企业、产业联盟、第三方机构等形成合力，尽快制定相关行业标准，绘制行业数字化转型的行动蓝图。

7.2.4 聚焦新态势打造区域间协同的市场和平台体系

共建平台、共筑市场，以构建产业链为核心，聚焦重点领域，形成京津冀产业协同发展的新态势。第一，积极推进京津冀三地共建区域性的商品物流市场、土地储备交易共同市场、人力资源共同市场、信用征用共同市场、金融共同市场等。助推各类要素资源突破地域限制，让要素在更大范围内实现自由流动和优化配置，推动区域统一市场的形成。第二，完善平台支撑体系。进一步增强园区共建力度，以园区共建带动形成区域间生产要素、企业主体、产业链条的"耦合"，从而形成京津冀产业链共同发展的新格局。可在雄安新区、北京新机场临空经济区、曹妃甸协同发展示范区等共建示范产业园的基础上，再合力共建一批现代化制造业合作平台，形成产业链的梯次布局。第三，聚焦京津冀三地具有较好协作基础、区域发展优势和全球发展前景的数字产业，集中打造重点数字产业链，形成对区域发展的整体带动。

参考文献

[1] 张梅. 长江经济带产业联动网络的结构特征及其解释 [J]. 财经理论研究, 2021 (3): 35-46.

[2] 朱春红. 信息产业发展与产业结构升级的关联性研究 [J]. 经济与管理研究, 2005 (9): 67-69.

[3] 王林生. "互联网+"理念的时代语境及内涵特征 [J]. 深圳大学学报(人文社会科学版), 2016, 33 (5): 36-41, 154.

[4] 肖旭, 戚聿东. 产业数字化转型的价值维度与理论逻辑 [J]. 改革, 2019 (8): 61-70.

[5] 谭清美, 陈静. 信息化对制造业升级的影响机制研究: 中国城市面板数据分析 [J]. 科技进步与对策, 2016, 33 (20): 55-62.

[6] 孔原, 刘览. 信息技术产业促进制造业转型升级的影响机制研究: 以江苏省13个地级市为例 [J]. 经济界, 2021 (4): 3-12.

[7] 陈晓东, 杨晓霞. 数字经济发展对产业结构升级的影响: 基于灰关联熵与耗散结构理论的研究 [J]. 改革, 2021 (3): 26-39.

[8] 刘吉超, 李钢. 信息化的挑战、机遇与中国制造业的应对之路 [J]. 经济研究参考, 2014 (33): 13-20.

[9] 郝恩崇,徐智鹏,张丹. 中国基础设施投资的全要素生产率效应研究[J]. 统计与决策, 2013 (23): 137-140.

[10] 何大安. 互联网应用扩张与微观经济学基础:基于未来"数据与数据对话"的理论解说[J]. 经济研究, 2018 (8): 177-192.

[11] 荆文君,孙宝文. 数字经济促进经济高质量发展:一个理论分析框架[J]. 经济学家, 2019 (2): 66-73.

[12] 丁志帆. 数字经济驱动经济高质量发展:一个理论分析框架[J]. 现代经济探讨, 2020 (1): 85-92.

[13] 刘平峰,张旺. 数字技术如何赋能制造业全要素生产率[J]. 科学学研究, 2021, 39 (8): 1396-1406.

[14] 郭吉涛,张边秀. "一带一路"倡议如何作用于中国OFDI企业技术效率:机制讨论与经验证据[J]. 产业经济研究, 2021 (1): 86-99.

[15] 廖信林,杨正源. 数字经济赋能长三角地区制造业转型升级的效应测度与实现路径[J]. 华东经济管理, 2021, 35 (6): 22-30.

[16] 蔡延泽,龚新蜀,靳媚. 数字经济、创新环境与制造业转型升级[J]. 统计与决策, 2021, 37 (17): 20-24.

[17] 赖红波. 传统制造产业融合创新与新兴制造转型升级研究:设计、互联网与制造业"三业"融合视角[J]. 科技进步与对策, 2019, 36 (8): 68-74.

[18] 王文娜,刘戒骄,张祝恺. 研发互联网化、融资约束与制造业企业技术创新[J]. 经济管理, 2020, 42 (9): 127-143.

[19] 齐亚磊,罗文春. 中国制造业高质量发展的内在逻辑与发展路径探究:以数字化变革为视角[J]. 中国发展, 2019, 19 (3): 33-36.

[20] 宋歌. 数字经济时代加快传统制造业转型升级研究[J]. 产业

创新研究，2019（12）：116-118.

[21] 洪佳. 数字经济对珠三角制造业升级的影响研究［D］. 广州：广东外语外贸大学，2020.

[22] 詹姆斯·博曼，威廉·雷吉. 协商民主：论理性与政治［M］. 陈家刚，等译. 北京：中央编译出版社，2006.

[23] 竺乾威. 西方行政学说史［M］. 北京：高等教育出版社，2001.

[24] 罗伯特·D.帕特南. 使民主运转起来：现代意大利的公民传统［M］. 王列，赖海榕，译. 北京：中国人民大学出版社，2015.

[25] 邱世明. 复杂适应系统协同理论、方法与应用研究［D］. 天津：天津大学，2003.

[26] 刘晓燕. 能源应急多主体协同机制及协同效应研究［D］. 北京：中国矿业大学，2019.

[27] 田丹. 系统论方法视角下院地合作组织模式研究：以四川（成都）为例［D］. 成都：成都理工大学，2012.

[28] 黄浪，吴超，王秉. "流"视域下的系统安全协同理论模型构建［J］. 中国安全科学学报，2019（5）：50-55.

[29] 陈为邦. 制度创新背景下的城市规划［J］. 城市规划，2007（11）：47-51.

[30] 祝春敏，张衍春，单卓然，等. 新时期我国协同规划的理论体系构建［J］. 规划师，2013，29（12）：5-11.

[31] 安超. 协同理论视角下地级市园林城市建设研究：以呼和浩特市为例［D］. 呼和浩特：内蒙古大学，2016.

[32] 王毅. 协同理论视域下特色小镇建设思考：以山西省杏花村镇为例［C］.//2017年中国地理学会经济地理专业委员会学术年会论文摘要集，2017.

[33] 孟祖凯，崔大树. 企业衍生、协同演化与特色小镇空间组织模式构建：基于杭州互联网小镇的案例分析［J］. 现代城市研

究，2018（4）：73-81.

[34] 段倩倩，白鹏飞，张小咏. 协同视角下多级救灾物资储备体系中的储备库选址模型［J］. 数学的实践与认识，2018（21）：141-148.

[35] 汪亮，王珺. 基于协同框架构建的特色小镇规划设计：以广西钦州陆屋机电小镇为例［J］. 现代城市研究，2019（5）：43-48.

[36] 黎鹏. 区域经济协同发展研究［M］. 北京：经济管理出版社，2003.

[37] 马广琳，刘俊昌. 中国区域经济协同发展中存在的问题及对策研究［J］. 经济问题探索，2005（5）：25-27.

[38] 杨志军. 多中心协同治理模式研究：基于三项内容的考察［J］. 中共南京市委党校学报，2010（3）：42-49.

[39] 胡静. 湖北西部地区区域发展战略与路径研究：旅游引领 区域协同［D］. 武汉：华中农业大学，2010.

[40] 杨清华. 协同治理与公民参与的逻辑同构与实现理路［J］. 北京工业大学学报（社会科学版），2011（2）：46-50.

[41] 刘英基. 中国区域经济协同发展的机理、问题及对策分析：基于复杂系统理论的视角［J］. 理论月刊，2012（3）：126-129.

[42] 王金杰，周立群. 新常态下区域协同发展的取向和路径：以京津冀的探索和实践为例［J］. 江海学刊，2015（4）：73-79，238.

[43] 苟兴朝，杨继瑞. 从"区域均衡"到"区域协同"：马克思主义区域经济发展思想的传承与创新［J］. 西昌学院学报（社会科学版），2018（3）：17-22.

[44] 王智勇，杨体星，刘合林，等. 城市密集区空间协同发展策略研究：以武汉城市圈为例［J］. 规划师，2018（4）：20-26.

[45] 刘宁. 京津冀协同发展与城市型行政区相关问题探讨［J］. 经

济师, 2019 (12): 10-11, 14.

[46] 孙铁山, 席强敏. 京津冀制造业区域协同发展特征与策略 [J]. 河北学刊, 2021 (1): 165-172.

[47] 于强. 京津冀协同发展背景下北京制造业的产业转移: 基于区位熵视角 [J]. 中国流通经济, 2021, 35 (1): 70-78.

[48] 杜勇宏, 王汝芳. 基于研发枢纽—网络的京津冀协同创新效果分析 [J]. 中国流通经济, 2021, 35 (5): 85-97.

[49] 刘剑平, 夏换, 唐小凤. 我国数字化转型研究热点、主题与前沿 [J]. 中国经贸导刊 (中), 2020 (5): 156-157.

[50] 何文彬. 全球价值链视域下数字经济对我国制造业升级重构效应分析 [J]. 亚太经济, 2020 (3): 115-130.

[51] 吕铁, 徐梦周. 传统产业数字化转型的趋向与路径 [J]. 人民论坛·学术前沿, 2019 (18): 13-19.

[52] 陈思锦. 加快数字产业化和产业数字化: 国家发展改革委创新和高技术发展司有关负责同志就《关于推进"上云用数赋智"行动培育新经济发展实施方案》答记者问 [J]. 中国经贸导刊, 2020 (8): 17-18.

[53] 秦荣生. 企业数字化转型中的风险管控新模式 [J]. 中国内部审计, 2021 (1): 9-11.

[54] 郭云武. 中小企业数字化转型双维能力与绩效关系研究 [D]. 杭州: 浙江大学, 2018.

[55] 熊鸿儒. 中部崛起与数字化转型升级 [J]. 中国工业和信息化, 2019 (9): 26-34.

[56] 杜尔玏, 吉猛, 袁蓓. 我国中小银行以数字化转型促进高质量发展研究 [J]. 西北大学学报 (哲学社会科学版), 2021, 51 (1): 109-116.

[57] 杨志波. 我国智能制造发展趋势及政策支持体系研究 [J]. 中州学刊, 2017 (5): 31-36.

[58] OECD. 数字化转型测度：未来路线图［R］. 巴黎：2019.

[59] 国家信息中心数字中国研究院. 数字中国发展指数（2018）［R］. 北京：2018.

[60] 国家信息中心. 2017全球、中国信息社会发展报告［R］. 北京：2017.

[61] 中国互联网协会，中国信息通信研究院. 中国"智能+"社会发展指数报告2019［R］. 北京：2019.

[62] 腾讯研究院. 中国互联网+数字经济指数报告（2017）［R］. 深圳：2017.

[63] 腾讯研究院. 中国"互联网+"指数报告（2018）［R］. 深圳：2018.

[64] 腾讯研究院. 数字中国指数报告（2020）［R］. 深圳：2020.

[65] 张月明，蒋元涛. 中国省际高技术产业创新效率评价研究：基于超效率DEA模型和Malmquist指数法［J］. 科技和产业，2021，21（1）：1-7.

[66] 简晓彬，周敏. 开放条件下制造业价值链攀升的影响因素研究：基于江苏制造业行业面板数据的分析［J］. 商业经济与管理，2013（1）：58-69.

[67] 王鹏. 金融支持农业现代化发展因素与协调问题研究：基于山东省的面板模型分析［J］. 金融理论与实践，2014（6）：51-57.

[68] 李春玲. 中国广告产业结构演进影响因素研究：基于主成分分析的实证研究［J］. 技术经济与管理研究，2020（6）：93-97.

[69] 王晓亮. 基于主成分分析法的"一带一路"内陆重要节点城市创业环境评价研究［J］. 河北企业，2019（10）：42-44.

[70] 李玲玉，郭亚军，易平涛. 无量纲化方法的选取原则［J］. 系统管理学报，2016，25（6）：1040-1045.

[71] 高晓红，李兴奇. 主成分分析中线性无量纲化方法的比较研究

[J]. 统计与决策, 2020, 36 (3): 33-36.

[72] 张永恒, 郝寿义. 高质量发展阶段新旧动力转换的产业优化升级路径 [J]. 改革, 2018 (11): 30-39.

[73] 王敏, 李亚非, 马树才. 智慧城市建设是否促进了产业结构升级 [J]. 财经科学, 2020 (12): 56-71.

[74] 武晓霞. 省际产业结构升级的异质性及影响因素: 基于1998年—2010年28个省区的空间面板计量分析 [J]. 经济经纬, 2014, 31 (1): 90-95.

[75] 章文光, 王耀辉. 哪些因素影响了产业升级: 基于定性比较分析方法的研究 [J]. 北京师范大学学报 (社会科学版), 2018 (1): 132-142.

[76] 王兰平, 王昱, 刘思钰. 金融发展促进产业结构升级的非线性影响 [J]. 科学学研究, 2020, 38 (2): 239-251.

[77] 解晋. 中国分省人力资本错配研究 [J]. 中国人口科学, 2019 (6), 84-96, 128.

[78] 袁航, 朱承亮. 国家高新区推动了中国产业结构转型升级吗 [J]. 中国工业经济, 2018 (8): 60-77.

[79] 孙早, 刘李华. 资本深化与行业全要素生产率增长: 来自中国工业1990—2013年的经验证据 [J]. 经济评论, 2019 (4): 3-16.

[80] 徐生霞, 刘强, 姜玉英. 全要素生产率与区域经济发展不平衡: 基于资本存量再测算的视角 [J]. 经济与管理研究, 2020, 41 (5), 64-78.

[81] 李世祥, 王楠, 吴巧生, 等. 贫困地区能源与环境约束下经济增长尾效及其特征: 基于中国21个省份2000~2017年面板数据的实证研究 [J]. 数量经济技术经济研究, 2020, 37 (11): 42-60.

[82] 陈小勇. 产业集群的虚拟转型 [J]. 中国工业经济, 2017

(12): 78-94.

[83] 赵西三. 数字经济驱动中国制造转型升级研究 [J]. 中州学刊, 2017 (12): 36-41.

[84] 王如玉, 梁琦, 李广乾. 虚拟集聚: 新一代信息技术与实体经济深度融合的空间组织新形态 [J]. 管理世界, 2018, 34 (2): 13-21.

[85] 马化腾, 孟昭莉, 闫德利, 等. 数字经济 [M]. 北京: 中信出版集团股份有限公司, 2017.

[86] 刘亚军, 张娥. 新经济地理学基本模型及其扩展综述 [J]. 统计与决策, 2010 (23): 160-162.

[87] 杨海余, 王耀中, 刘志忠. 新经济地理学视角的中心—外围模型评介 [J]. 经济学动态, 2004 (7): 109-113.

[88] 郭峰, 陈凯. 互联网技术、空间拥挤成本与制造业集聚选择: 基于新经济地理模型及检验 [J]. 工业技术经济, 2020, 39 (9): 71-79.

[89] 皮亚彬. 区域一体化对社会福利改善的异质效应研究 [J]. 现代财经 (天津财经大学学报), 2016, 36 (8): 3-14.

[90] 刘友金, 李彬, 刘天琦. 产业集群式转移行为的实证研究 [J]. 中国软科学, 2015 (4): 131-141.

[91] 李海舰, 聂辉华. 全球化时代的企业运营: 从脑体合一走向脑体分离 [J]. 中国工业经济, 2002 (12): 5-14.

[92] 张亚鹏. 关系重构: 京津冀产业协同的新向度 [J]. 前线, 2018 (4): 74-75.

[93] 赫尔曼·哈肯. 协同学: 大自然成功的奥秘 [M]. 凌复华, 译. 上海: 上海译文出版社, 2018.

[94] 陈大峰, 闫周府, 王文鹏. 城市人口规模、产业集聚模式与城市创新: 来自271个地级及以上城市的经验证据 [J]. 中国人口科学, 2020 (5): 27-40, 12.

[95] 宋周莺. 世界信息化发展空间格局及对中国的启示 [J]. 世界地理研究, 2012, 21 (2): 18-26.

[96] 刘向东, 刘雨诗, 陈成漳. 数字经济时代连锁零售商的空间扩张与竞争机制创新 [J]. 中国工业经济, 2019 (5): 80-98.

[97] 许宪春, 张美慧. 中国数字经济规模测算研究: 基于国际比较的视角 [J]. 中国工业经济, 2020 (5): 23-41.

[98] 腾讯研究院. 数字中国指数 (2020) [DB/OL]. [2024-06-22]. https://m.vzkoo.com/document/de2991dbaf8e9be4921e34dc9439571d.html.

[99] 刘淑春. 中国数字经济高质量发展的靶向路径与政策供给 [J]. 经济学家, 2019 (6): 52-61.

[100] 吴翌琳. 国家数字竞争力指数构建与国际比较研究 [J]. 统计研究, 2019, 36 (11): 14-25.

[101] 易宪容, 陈颖颖, 位玉双. 数字经济中的几个重大理论问题研究: 基于现代经济学的一般性分析 [J]. 经济学家, 2019, 10 (7): 23-31.

[102] 王一鸣. 以数字化转型推动创新型经济发展 [J]. 前线, 2020 (11): 67-70.

[103] 张志强, 鲁达非. 前沿技术、吸收能力与中国区域产业的协同发展 [J]. 经济理论与经济管理, 2015 (7): 74-86.

[104] 许培源, 刘雅芳. "一带一路"沿线国家恐怖活动对旅游业发展的影响 [J]. 经济地理, 2020, 40 (3): 216-224.

[105] 胡立君, 郑艳. 中国收入差距与产业结构调整互动关系的实证分析 [J]. 宏观经济研究, 2019 (11): 63-73.

[106] 魏敏, 李书昊. 新时代中国经济高质量发展水平的测度研究 [J]. 数量经济技术经济研究, 2018, 35 (11): 3-20.

[107] 冯涛, 吴茂光, 张美莎. 金融发展、产业结构与城乡收入差距: 基于金融"脱实向虚"视角的分析 [J]. 经济问题探

索，2020（10）：170-181.

[108] 张亚鹏. 关系重构：京津冀产业协同的新向度［J］. 前线，2018（4）：74-75.

[109] SEBASTIAN I M, K G MOLONEY, ROSS J W, et al. How Big Old Companies Navigate Digital Transformation［J］. MIS Quarterly Executive: A Research Journal Dedicated to IMPROVING Practice, 2017, 16（3）：197-213.

[110] ANANDHI BHARADWAJ, SAWY O A E, PAVLOU P A, et al. Digital Business Strategy: Toward a Next Generation of Insights［J］. MIS Quarterly, 2010（2）：204-208.

[111] SUNGJOO LEE, MOON-SOO Kim, PARK Y. ICT Co-evolution and Korean ICT Strategy: An Analysis Based on Patent Data［J］. Telecommunications Policy, 2009, 33（5）：253-271.

[112] JAMES MANYIKA, ROXBURGH C. The Great Transformer: The Impact of the Internet on Economic Growth and Prosperity［EB/OL］.［2024-10-16］. https://debatefpo2014.wordpress.com/wp-content/uploads/2014/10/internet-2.pdf.

[113] WALKERS R. Poor Internet Blocks African innovative Genius［J］. African Business, 2014, 410：25-28.

[114] GIUDICE M. Discovering the Internet of Things（IoT）within the Business Process Management［J］. Business Process Management Journal, 2016, 22（2）：263-270.

[115] GAPUTO A, MARZI G, PELLEGRINI M M. The Internet of Things in Manufacturing Innovation Process Development and Application of a Conceptual Framework［J］. Business Process Management Journal, 2016, 22（3）：383-402.

[116] RICHARD BALDWIN, et al. Economic Geography and Public Policy［M］. Princeton：Princeton University Press, 2003.

[117] TABUCHI T. Urban Agglomeration and Dispersion: A Synthesis of Alonso and Krugman [J]. Journal of Urban Economics, 1998, 44 (3): 333-351.

[118] DIXIT A K, STIGLITZ J E. Monopolistic competition and optimum product diversity [J]. The American Economic Review, 1977, 67 (3): 297-308.

[119] SAMUELSON P A. The Transfer Problem and Transport Costs, II: Analysis of Effects of Trade Impediments [J]. The Economic Journal, 1954, 64 (254): 264-289.

[120] MATTHEWS R C. The Economics of Institutions and the Sources of Growth [J]. The Economic Journal, 1986, 96 (384): 903-918.

[121] JOHN HUMPHREY. Predicting the Emergence of Innovation from Technoligical Covergence: Lessons from the Twentieth Century [J]. Journal of Macromarketing, 2008, 8 (2): 157-168.

[122] JAAKKO S, RAULI S, ARTTI J. Specialization and Diversity as Drivers of Economic Growth: Evidence from High-tech Industries [J]. Papers in Regional Science, 2015 (2): 1-20.

[123] HAN C J, STEPHEN R TH, YANG M, et al. Evaluating R&D Investment Efficiency in China's High-tech Industry [J]. Journal of High Technology Management Research, 2017, 28 (1): 93-109.

[124] REDDY S K, REINARTZ W. Digital Transformation and Value Creation: Sea Change ahead [J]. NIM Marketing Intelligence Review, 2017, 9 (1): 10-17.

[125] LALL S. Competitiveness, Technology and Skills [M]. Cheltenham, UK Northampton: Edward Elgar Pub, 2001.

[126] OZAWA T. Institutions, industrial upgrading and economic performance in Japan [M]. Cheltenham, UK Northampton: Edward Elgar, 2005.

[127] Organization for Economic Co-operation and Development. The next production revolution: implications forgovernments and business [R]. Paris: OECD, 2017.

[128] PETER SMITH RING, ANDREW H. van de Ven. Development Processes of Cooperative Interorganizational Relationships [J]. Academy of Management Review, 1994 (19): 234-239.

[129] W. DANIEL HILLIS. Co-evolving Parasites Improve Simulated Evolution as an Optimization Procedure [J]. Physica D: Nonlinear Phenomena, 1990, 42 (1-3): 228-234.

[130] SAMUEL BOWLES, ASTRID HOPFENSITZ. The Co-evolution of Individual Behaviors and Social Institutions [J]. Journal of Theoretical Biology, 2003, 223 (2): 135-147.

[131] MASAYUKI ISHINISHI, AKIRA NAMATAME. Co-Evolution in a Competitive Market [C]. //Computing in Economics and Finance: Fifth International Conference of the Society for Computational Economics. 1999.

[132] BLOOM NICHOLAS, GARICANO LUIS, SADUN RAFFAELLA, et al. The Distinct Effects of Information Technology and Communication Technology on Firm Organization [J]. Management Science, 2014, 60 (12): 2859-2885.

[133] FORMAN C, ZEEBROECK N V. From Wires to Partners: How the Internet has Fostered R&D Collaborations within Firms [J]. Management Science, 2012, 58 (8): 1549-1568.

[134] LEWIS, W A. Economic Development with unlimited supplies of labour [J]. The Manchester School, 1954, 22 (2): 139-191.

[135] BYGSTAD B, AANBY H P. ICT Infrastructure for Innovation: A Case Study of the Enterprise Service Bus Approach [J]. Information Systems-Frontiers, 2010, 12 (3): 257-265.

[136] LAM DIEU, BOYMAL JONATHAN, MARTIN BILL. Internet Diffusion in Vietnam [J]. Technology in Society, 2004, 26 (1): 39-50.

[137] ERKKO AUTIO, SATISH NAMBISAN, LLEWELLYN D W, et al. Digital Affordances, Spatial Affordances, and the Genesis of Entrepreneurial Ecosystems [J]. Strategic Entrepreneurship Journal, 2018 (1): 72-95.

[138] KNICKREHM M, B BERTHON, and P DAUGHERTY. Digital Disruption: The Growth Multiplier [R]. Accenture Strategy Report, 2016.

[139] JOHN HUMPHREY, HUBERT SCHMITZ. How does insertion in global value chains affect upgrading in industrial clusters [J]. Regional Studies, 2002, 36 (9): 1017-1027.

[140] CHRISTOPHER FREEMAN. Technology, Policy and Economic Performance [M]. London, New York: Pinter Publishers, 1987.

[141] GARY GEREFFI, JOHN HUMPHREY, TIMOTHY STURGEON. The Governance of Global Value Chains: An Analytic Framework [J]. Review of International Political Economy, 2005 (2): 78-104.

[142] RAYMOND VERMON. International Investment and International Trade in The Product Cycle [J]. Material Souce: The Quarterly Journal of Economics, 1966, 80 (2).

[143] MARCEL MATTHESS, STEFANIE KUNKEL. Structural change and digitalization in developing countries: Conceptually linking the two transformations [J]. Technology in Society, 2020, 63 (11).

[144] JOSEPH K NWANKPA, YAMAN ROUMANI. It Capability and Digital Transformation: A Firm Performance Perspective [C].

International Conference on Interaction Sciences, 2016.

[145] HELEN N. ROTHBERG, G. SCOTT ERICKSON. Big Data Systems: Knowledge Transfer or Intelligence Insights? [J]. Jonunal of Knowledge Management, 2017, 21 (1): 92-112.